JN296377

犯罪の生物学

遺伝・進化・環境・倫理

D.C.ロウ 著
津富 宏 訳

北大路書房

Biology and Crime

by

David C. Rowe

Copyright © 2002 by Roxbury Publishing Company
"Biology and Crime" was originally published in English in 2001. This translation is published by arrangement with Oxford University Press.

序　文

　かつて，犯罪に対する生物学的要因の影響は，犯罪学者（少なくとも，社会学の訓練を受けた犯罪学者）にとっては，タブーの対象だった（Sagarin, 1980: 8-9）。Sutherland と Cressey による，1970年代までの代表的な犯罪学の教科書は，生物学的要因の重要性を，明確に否定している。明示されているかどうかは別として，犯罪の原因は，社会，文化，下位文化，家族，学校，友人などの，非生物学的要因であることが前提とされていた。幸いなことに，情勢は変わり，今では，代表的な犯罪学者は，犯罪の包括的な理論は，「犯罪学にとってお馴染みの容疑者」だけでなく，生物学的要因も含まなければならないと考えている。

　この20年間，生物学と犯罪に関する研究は膨大に増加した。この本の著者である，David Rowe は，この分野におけるもっとも聡明で才能ある研究者の一人である。Rowe は，著書，"*The Limits of Family Influence*"（1994）で，犯罪に対する家族要因の影響に関するすべての研究は遺伝的要因の重要性を考慮に入れて設計されるべきだと，挑発的だが説得力をもって主張している。より一般的に言えば，犯罪に対する環境要因（たとえば，社会的経済的地位，コミュニティ，友人集団など）の影響に関するすべての研究は，重要な生物学的要因を含み，生物学的要因と環境要因の相互作用を探究できるように設計されるべきだという主張となる（Raine et al., 1997 を参照）。

　不運なことに，生物学に関する適切と呼べるような訓練を受けている犯罪学者はほとんどいない。さらに，Adrian Raine（1993）の素晴らしい著書という例外はあるが，生物学と犯罪に関する研究を読みやすく解説したものもほとんどない。私は，この分野における最新の研究の，簡潔ではあるが，きちんとした動向把握に基づく見事な紹介である，David Rowe の本書を，喜びをもって迎えたい。本書が，現在および将来の世代の犯罪学者を教育することに役立ち，そして，心理学，精神医学，社会学，社会福祉など他分野の学生や研究者にとっても大変興味深いものとなることを望む。本書は明確に書かれており，読書が楽しめるように，エピソードやケース・ヒストリーがひと味効いている。

David Rowe の基本的な主張は，すべての行動と同様，犯罪には生物学的な基礎があるというものだ。第2章は，双生児研究，養子研究，きょうだい研究をレビューして，遺伝率の概念と表現型対遺伝子型の概念を説明する。第3章は，進化論的観点を吟味し，パートナーを争う性的競争と，犯罪の性差に焦点を当てる。この章を読むと，「下劣な (cad)」男性と「お父さん (dad)」的男性の違いが分かる。第4章は，テストステロン，セロトニン，心拍数，皮膚伝導といった重要な生物学的トピックと，新しい脳イメージング技術によって得られた結果に関する議論を含んでいる。精神生理学的結果を説明するにあたり，Rowe は恐怖心の欠如よりも低覚醒を好む。

　第2章の行動遺伝学のレビューと対照的に，第5章は分子遺伝学を説明する。分子遺伝学は，魅力的で急速に発展している分野である。(もちろん) たった一つの遺伝子によって，人が犯罪者になるわけではないが，注意欠陥多動性障害や新奇性探索性行動に関連する一つひとつの遺伝子はすでに発見されている。第6章は，遺伝学の知見に照らしながら (とりわけ友人ときょうだいからの) 環境による影響と，遺伝子型と環境の交互作用をレビューする。Rowe は，犯罪に遺伝が影響を与えるというエビデンスは，政策の変更や目標を定めた社会的介入に基づく犯罪減少対策の実験的検証を妨げてはならないと結論する。第7章は，刑事司法処遇と比べた投薬の価値，犯罪を予測するための遺伝的知識の利用，犯罪者に対する適切な治療の選択といった，犯罪の生物学的研究から生じる，いくつかの倫理的・法的問題について述べて本書を締めくくる。

　私は，生物学と犯罪に関する新たな知識を得ることに興味をもつすべての人々に，本書を喜んで推薦する。こうした人々は，この重要で，心躍る，急速に発展している分野について，私が学んだように多くを学ぶだろう。

David Farrington
ケンブリッジ大学　心理犯罪学教授

◯ 参照文献

　Raine, A. 1993. *The Psychopathology of Crime: Criminal Behavior as a Clinical Disorder.* San Diego, CA: Academic Press.

Raine, A., P. A. Brennan, D. P. Farrington, and S. A. Mednick (Eds.) (1997). *Biosocial Bases of Violence*. New York: Plenum.

Rowe, D. C. (1994). *The Limits of Family Influence: Genes, Experience, and Behavior*. New York: Guilford.

Sagarin, E. (Ed.) (1980). *Taboos in Criminology*. Beverly Hills, CA: Sage.

Sutherland, E. H. and D. R. Cressey. 1974. *Criminology*, 9th ed. Philadelphia: Lippincott.

著者の覚書

　本づくりというものは，いつも，協働のプロジェクトである。私は，犯罪の進化論的な見方に関する章の各セクションをチェックしてくれた Martin Daly と，犯罪の継時的傾向についての説明を提供してくれた David Lykken に，特に感謝したい。本書に図や表を提供してくれたその他の著者にも感謝したい。Terrie Moffit は，血小板セロトニンのレベルと犯罪の関連について洞察を与えてくれた。また，彼自身は攻撃的ではないものの，テストステロンの看板男になることに同意してくれた，私のかつての学生にも感謝しなければならない。Roxbury Publishing Company に対しては，編集者の Claude Teweles の励ましと，Jim Ballinger の本書の制作管理，本書の文章表現を改善してくれたコピーエディターの仕事に感謝する。Carol Bender からは，本書の草稿に対し有用なコメントをもらった。私は，本書の記述が正確であるように全力を尽くしたが，誤りが残っていたら，それは私の責任である。私にはこの本を書くことが喜びであったように，学生にはこの本を楽しんで読んでほしいと思う。犯罪の生物学は，尽きることのない魅惑のトピックである。

　草稿を読んでくれた多くの同僚にもお世話になった。彼らの指導と助言は大変有用であった。Ronald C. Akers（フロリダ大学），Gary Jensen（ヴァンダービルト大学），Alex Piquero（ノースイースタン大学），Anthony Walsh（ボイジー州立大学），Richard A. Wright（アーカンソー州立大学）らである。

目　次

序文　　i
著者の覚書　　iv

第1章　生物学と犯罪の序論　　1
　犯罪原因の異質性　　7
　犯罪に関する2つの生物学的視座　　8
　生物学的分析のレベル　　10
　環境的要因　　12

第2章　犯罪性向の遺伝　　15
　一卵性双生児と犯罪　　16
　遺伝率係数の解釈の仕方　　19
　行動特徴に対する遺伝の影響を推測する　　21
　　　古典的な双生児研究デザイン：遺伝の影響／環境の影響／共有環境と，非共有環境の影響
　行動遺伝研究デザインにおける遺伝の影響と環境の影響の推定　　29
　Mednick による犯罪に関する養子研究　　32
　　　犯罪傾向の双生児研究
　発達的視点　　35
　精神障害と犯罪性　　40
　結論　　45

第3章　犯罪を進化から見る　　49
　人間行動と進化に関するものの見方　　51
　　　設計と適応／雌雄淘汰／血縁淘汰／生活史の特性
　雌雄淘汰と犯罪における性差　　56
　生活史，性的選択，年齢－犯罪曲線　　60

血縁淘汰と犯罪　64
個人差と進化　65
　　犯罪性向における生物学的差異の進化理論／代替戦略理論
進化の視座：結論　72

第4章　体は語る？　生物学的特徴と犯罪性向　77
犯罪性向の生理学的根拠の知見　78
　　危険因子　対　診断／因果の方向／犯罪性向の血液検査と唾液検査／セロトニンの量／犯罪性向の心拍数検査／犯罪性向の皮膚伝導検査／脳の構造と機能の検査
犯罪の生物学的検査についての結論　94

第5章　犯罪遺伝子？　分子遺伝学と犯罪性向　99
分子遺伝学への導入　101
　　遺伝子レベルの差異
遺伝子と行動特性の決定　108
行動特性に関する遺伝子の発見方法　109
　　遺伝子連鎖分析／遺伝子関連分析
犯罪性向に関係する特定遺伝子　111
　　ドーパミンD4受容体遺伝子／セロトニン遺伝子／MAOA(モノアミン酸化酵素A)遺伝子
結論：遺伝子から犯罪性向へ　117

第6章　遺伝学の知見に照らして環境的影響を考える　121
社会階級と犯罪　123
友人グループ，ギャング，犯罪　125
遺伝子型と環境の交互作用　131
犯罪率の歴史的変化　134
　　犯罪の根本原因に影響することなく犯罪率を変化させる／犯罪の根本原因に影響することによって犯罪率を変化させる
結論　140

第7章　将来のために：刑事司法政策と倫理的懸念に対する意味　145
医療モデル　対　刑事司法モデル　146

将来の特徴を予測するための生物学的マーカーの利用　152
　　　遺伝情報でよくない医学的状態を予測する／遺伝情報で犯罪性向を予測する
優生学の名において　156
　　　優生学と公共政策／優生学的政策と犯罪性向
刑事司法システムは，なぜ科学に基づいていないのか　160
結論　162

Column2.1　子どもがもっとも攻撃的なのはいつか　39
Column2.2　精神病と無差別殺人者　44
Column3.1　男性の攻撃性は，世代を経てどれだけ強くなるか　59
Column5.1　遺伝子からたんぱく質へ　103
Column5.2　法医学的分析（Forensic Analysis）　107
Column5.3　伝達不平衡テスト　112

人名索引　165
事項索引　167
訳者あとがき　171

第1章

生物学と犯罪の序論

　犯罪は，社会にとって目新しい問題ではない。アリストテレスは，手に負えない若者に不満を漏らしていた。中世の都市は常に危険であったし，今日でさえヨーロッパの古城には，中世の犯罪（および政敵）を弾圧するのに使われた拷問用の道具が豊富に備えられている。中世では，利用可能な統制方法の選択肢が今日より多様であったにもかかわらず，犯罪は決して撲滅されなかったのである。

　犯罪は，どんな文化においてもみられる。部族社会は社会的関係の信用を冒す男（および頻度はより少ないが，女）の危険性を理解しており，そのような人間は追放されるかあるいはより残忍に取り扱われる。さらに，殺人や配偶者虐待にかかわる部族固有の水準は，いくつかの部族社会の特徴となっている (Chagnon, 1988)。ただし，私たちは，人間の行なう手に負えない行為に関する通時的・通文化的な記録よりも，最近のニュースの見出しに注目する。非行集団が都心部を悩ませている。ミドルクラスの学校で身の毛もよだつ発砲事件が起きたこともある。宇宙飛行やインターネットの瞬間的コミュニケーションを使いこなす社会において，私たちは未だに自宅の鍵を閉め，車に警報装置をつけ，日没後の都市の公園を避けなければならない。犯罪を撲滅できないということは，社会の複雑な欠陥を物語っている。なぜ犯罪はなかなかなくならず，

状況改善へ向けた私たちの最大限の努力に対して抵抗するのだろうか。

犯罪は人間の本性の一部であり，進化の遺産——呼吸と高次の思考との間に挟まれた，脳のずっと古い部分の奥深くにある何か——であるというのが，この問いに対するひとつの答えである。『男の凶暴性はどこからきたか（*Demonic Males*）』（Wrangham and Peterson, 1996）が指摘しているように，人間の男性の暴力性向は，明らかに一般的なチンパンジーにも共有されている。ひとつの群れのオスたちが団結し，他の群れの単独でいるオスを殺すのである。このプロセスをフィクションとして描いた"*Brazzaville Beach*"（ブラザヴィル・ビーチ）（Boyd, 1990）という小説は，想像上のアフリカの国で，戦争中の人間と戦争中のチンパンジーを対比させている。ベルギー人の傭兵パイロットが攻撃的なのは，戦争をするチンパンジーと生物学的な親族関係にあるためだろうか。

19世紀の犯罪学では，犯罪についてのこのような視点，つまり生物学的および進化的視点が突出していた。犯罪者（概して男性）は，進化上の祖先が有する特徴が自分の身体に現れた先祖返り（atavistic）であると考えられていた。つまり，犯罪者とは，類人猿への先祖返りであるとみなされていた。眉毛は頭蓋の隆起に届くほど外側へと伸び，顎は大きく，骨は不恰好だった。その顔が，抑制の利かない敵意をもって，古い本のページの中から睨みつけている。犯罪者のこのような描写は，一時期広く受け入れられていたが，実際の犯罪者の顔の特徴を大量に測定した結果，19世紀の骨相学の科学が想定したほどに，先祖返りをしているわけではなく，顔の特徴は多様であることが明らかになった。実証的研究は，誤解を解くための——たとえそれが非常に信じられているものであっても——常によき解毒薬である。19世紀後半から20世紀初頭を過ぎると，犯罪者は犯罪性向をもって生まれてくるという理論は好まれなくなった。

本書は，生物学と犯罪についての本である。行動遺伝学（behavioral genetics）と分子遺伝学（molecular genetics），神経イメージング（neural imaging），進化理論（evolutionary theory）や，その他の新しいアプローチなど，現代科学の視座から犯罪性の生物学的根拠を再検討する。犯罪性には生物学的根拠があるという議論は，いくつかの重要な問いを招来する。それらの問いに対する回答を探し出すという課題が——仮にこの本一冊で達成することができ

なくとも——本書の焦点である。これらの問いには,「犯罪行動は『正常』か『異常』か」,「生理学的効果は犯罪性に特有のものか,あるいはより一般的なものか」,「犯罪は進化的適応か,あるいは進化的不適応か」などがある。ただ単に,ある行動に「生物学的」という名札を貼るだけでは,その本質についてほとんど何も述べたことにはならない。心と脳は切り離されていると信じている二元論者でない限り,**すべての行動は生物学的だからである**。つまり,すべての行動は,脳に,つまり,脳の生化学(biochemistry),電気的活動(electrical activity),構造(structure),成長(growth)と衰え(decline)として表れている。行動は,生物としてのはたらきを欠いては生じえない。シリコン製の物質である中央演算装置を電流中の本物の電子によって起動しないと,コンピュータが動かないのと同じことである。本書の中心的な論点は,生物学が犯罪行動の理解に役立つかどうかである。「犯罪遺伝子(gene for crime)」という言葉には,何らかの意味があるのだろうか。もしあるとしたらそれはどのようなものなのだろうか。

　本書は生物学の学術書ではない。典型的な生物学の教科書は,外国語の授業のように多くの専門用語を導入していると言われる。多くの人は生物学の素養がないため,そのトピックに関する論述を理解する準備ができていない。本書で,犯罪行為における生物学を取り扱うのと同時に生物学を教えることはできない。私は生物学用語を極力使わないようにし,用語が出てきたときにはそれらの定義を試みる。また,それ以外の概念は,普通の人々が用いる言葉に言い換えた。本書のトピックに関心のある人は皆,遺伝学や進化論についてさらに学ぶことを勧める。本書の情報は,用意のできている人にこそ有用だからである。

　また,本書は包括的な教科書でもない。本書は入門書である。なぜなら,トピックを表面的に俯瞰したものであって,研究文献を徹底的にレビューしてはいないからである。本書には,筆者の意見も入っている。ほとんどの教科書は完全で全能であるという権威的な態度で語る傾向があるが,本書は山頂から手渡されるようなものではない。それどころか,(不味くなったコーヒーとレポート用紙の隣の)ワード・プロセッサーで作ったものである。

　犯罪の生物学に関する本は,(犯罪者の特性・生理機能・動機など)犯罪者

の生物学に関するものでなければならない。けれども，何が犯罪者の特徴で何がそうではないかは，歴史や文化によって多少異なる。社会的脱構築主義者は，犯罪は完全に恣意的な文化的な作りごとであり，したがって特定の人々を犯罪者として識別することもまったくの恣意でしかないと言うだろう。一方，モーゼの十戒の信者たちは，少なくともいくつかの犯罪行為は普遍的なものであると主張するだろう。たとえば，殺人と姦通は，いずれも世界中で禁じられている。今日のアメリカ合衆国では，殺人は，重罪を科される犯罪であり，姦通に法が適用されることは稀であるが，法律により多くの州で違法とされている。ほぼいかなる文化においても，他人の食料を盗んだり，敵対している人間を殺したり，あるいは契約を偽ることは，法律と社会規範のいずれをも犯すことである。部族社会においては，普通そういった規範は法律として成文化されていないが，それでも存在している。

　要するに，社会的に禁じられている類の行動には十分な共通点がある。それに，行動というものが社会的に構築されたものであっても，その行動を遺伝子分析できないということではない。たとえば，クラシック音楽の楽器はヨーロッパで発明され，現在では世界中で使われている（素晴らしい交響楽団が日本にある。日本のバグパイプ楽団は，ニューヨークの聖パトリックの祭日パレードでも演奏した）。それでもなお，クラシック楽器における音楽家の演奏能力に関する生物学的根拠について双生児研究を行なうことはできる。

　私たちは，もうひとつのアプローチ——完全には満足できないものであるが——を用いて，犯罪を「自己申告犯罪尺度が測定するもの」と定義することができる。これは，知能（IQ）を「IQテストが測定するもの」と呼ぶことがあるのと同じである。このアプローチはしかし，必ずしも法律に沿ったものではない。というのも，そのような自己申告尺度にリストアップされているすべての行為が刑法を犯すものではないからである。たとえば，親に嘘をつくことは問題だが，必ずしも犯罪ではない。ただ，実際には，個々の研究において犯罪をどう測定するかは，研究者任せであることが多い。

　本書で，私たちが取り上げる特性の多くは，それ自体は犯罪的なものではなく，犯罪行為をはたらくリスクの高さと関連しているものである。たとえば，注意欠陥多動性障害（Attention Deficit Hyperactivity Disorder: ADHD）は，

第1章　生物学と犯罪の序論

男子少年の3～5％に生じ，大人になったときの犯罪行動のリスクを高める。このように，本書は必然的に，犯罪および犯罪性向——ある共通の原因のため犯罪と関連している特徴——を対象とする。このような注意を要するものの，私は，犯罪に関して次のように生物学志向の定義を与えることができる。

「犯罪行為とは，自分自身の社会集団に属する人々を意図的に搾取（exploit）しようとすることによって，人々の適応度（fitness）を下げる行為である」。

定義のことは置いておいて先へ進むのが，この時点では賢明なのかもしれない。なぜなら，どんな定義も不完全であることが運命づけられており，議論を誘発するものだからだ。とはいえ，ここには本質的な点が含まれている。**搾取する**（exploit）とは，傷つけること，つまり，害をもたらすことを意味する。こういった「行為」（acts）が他者を害する。暴力は，死なせたり傷つけたりすることで，明らかに他者を害するが，窃盗も，財産を持ち去ることで，人の将来の見通しを「傷つける」。**適応度**（fitness）とは，生き抜き，家族を育てる能力を意味する。犯罪は，独身を貫こうと考えている人間の適応度を減じうるだろうか。おそらく減じない。しかし，私は進化論的風味のする定義を好む。それは，人間にも人間以外の動物にも同様に，もっとも幅広く適用できるからだ。「人々の適応度を下げる（in ways that reduce their fitness）」に代えて，「人々を害する（in ways that harm them）」であれば，より**人類**向けの定義になる。上記の定義は，他者を害する事故を除外するために，「意図的に」を含んでいる。運転者の一時不注意による追突事故は，コンビニ強盗のような犯罪ではない。ただし，犯罪の背後にある意識的な意図の程度は自明とは言えず，さらに考察をしなければならない。最後に，私の定義は集団帰属に焦点を当てている。犯罪は，仲間，つまり自分と同じ部族や国に常態的に属している人々に向けられる。この条件を設けることで，犯罪行為を戦争行為から区別する。

戦争では，暴力がふるわれ，人間に多くの不幸をもたらす。また，盗み，略奪，レイプは，往々にして戦争につきものだが，本書は戦争についての本ではない。社会は，戦争を合法的に認められたものとして認識している。戦士は敵を殺すことで，メダルや勲章を授与される。進化志向の2人の学者は（Cohen and Machalek, 1988)，犯罪と社会的寄生（social parasitism）を同等と考えている。社会的寄生者は，他の種から価値のあるもの（たとえば，食べもの）を手に入れるが，自分たちは何も返さない。それに対し，戦士は，他の社会によって破壊される可能性から自分たちの社会を守っているため，普通は大いに尊敬を受ける（戦士は，より弱い社会も攻撃するかもしれない。これは暴力の用い方として道徳的に擁護するのはより難しい）。それでもなお，戦争と犯罪の間には，重なる部分もいくらかある。男性（と，より少数の女性）の日々の会話がスポーツの喩えを用いることで活発になっているように，ある種の犯罪行為は戦争になぞらえた動機によって活発になっているかもしれない。

　"怪物"コーディ・スコット（Kody Scott）（彼の新しい法的な名前は，シャクール）の『怪物：ロサンゼルス・ギャングの伝記 (*Monster: The Autobiography of an L. A. Gang Member*)』(Shakur, 1994) では，若い男たちがギャング同士の戦争（wars）を繰り広げている。"怪物"の属するギャングはライバルのギャングと敵対しており，相手のギャングのメンバーは敵とみなされていた。縄張りが仕切られ，主張された。そして，敵の縄張りへと報復襲撃が行なわれた。"怪物"と銃を持った"怪物"の友人は，敵対するギャングのメンバーを待ち伏せて襲い，何人かを殺した。軍服が支給されたり着用されたりしているわけでもなければ，国によってこの行為が認められているわけでもないが，奇襲のために敵の前線の背後に小部隊を派遣するのとまったく違うとはいえない。どちらの場合も，敵を認識し，男性の集団が（訓練を行なって）襲撃を行ない，武器を用いて人を殺害する。Gold (1970) は，非行ギャングをありあわせのメンバーによるスポーツチームと比較したが，実際には，犯罪はスポーツより戦争に似ているように思われる。ありあわせのメンバーで試合をするには，お互いにいくらかの忠誠心をもち協調しあう少年や成人の男性のチームが必要である。だが，都会のコート上の激しいバスケットボールでは誰も殺されることはない。ギャングの縄張り抗争と戦争の類似が双方に共通する心理的原因によるのか，あるいは，単なる比喩であるのかということは，必ずしも明らかではない。とはいえ我々が犯罪性に対する生物学的影響を考察する際には，この問いを解決済みにしてはならない。

犯罪原因の異質性

　犯罪には多くの原因がある。特性のさまざまな集まりが，人を犯罪へと向かわせうる。たとえば，悪名高い"サムの息子"デイビッド・バーコウィッツの事件を考えてみよう。彼は駐車中の車の中の若いカップルに忍び寄って射殺したことで，1970年代半ばのニューヨーク市を恐怖に陥れた。彼は，6人を殺害し，7人を負傷させた。バーコウィッツは暗い色の髪の女性をターゲットとして好んでいると信じられていたため，女性が髪の毛を明るい色に染め出すほど，市中は恐怖に陥った。バーコウィッツによると，「声」が彼に話しかけ，殺害するよう命じたという。彼の行為は，「偏執性統合失調症（paranoid schizophrenic）」と診断されうる心を病んだ男によるものだった。彼の殺人性向は，Gottfredson and Hirschi（1990）が描いた低い自己統制（low self-control）によって生じるありふれた問題のひとつではなかった。統合失調症は，遺伝性の精神障害である。この重要な遺伝性精神障害の犯罪における役割について1冊の本を書くこともできるが，それは本書のねらいではない。なぜなら，主要な精神疾患のせいで人が凶悪犯罪をはたらくこともあるが，そのような特性はおそらく，犯罪性向に寄与するもっとも一般的な特性ではないからである。注意持続時間が短いこと（low attention span），興奮希求（sensation seeking），攻撃性（aggressiveness），そして確かに，低い自己統制がおそらく犯罪を行なうより多くの人々のもつ特性である。したがって，本書ではこのような特性をより強調する。

　本書はまた，知能が犯罪に対してどのような影響を与えるのかという考察にもほとんど紙幅を割かない。一般的に犯罪者は，非犯罪者よりも，IQテストの得点が低い（Hirschi and Hindelang, 1977）。私は，IQを犯罪自体の中核的原因ではなく，むしろ他の行動特性の効果を増大させるものと考えている。IQの低い人々のほとんどは遵法的だが，日々の生活において行動方針を意思決定することが，IQのより高い人々より，平均すると不得手なのだろう（Gottfredson, 1997）。おそらくすべての人間は，時々まずい意思決定をしてしまう（私は，外で水を出したまま，小屋の地下室のメインの送水バルブを締め

忘れ，一時的に噴水を作ってしまったことを思い出す）。IQ の低い人は，将来に向けて適切に計画することができず，最適とは言えない反応を日々選択してしまうので，その結果，より頻繁にまずい人生決定をしてしまうのだろう。たとえば，自分の金銭状況の経過を把握しておくことができない人は，正確に計算できる人よりも，銀行口座から引き落としすぎてしまいがちである。しかし，将来にあまり注意を払わない人は，計算が不得手な人よりも，おそらくさらにひどい状態にあるだろう。そして，将来について多くの注意を払わず，しかも計算が不得手な人は，もっともひどい状態にあるだろう——そしてこのような人が，犯罪性向をもっとももちやすい。

個人の有する特性は，社会と切り離されて作用するわけではない。犯罪は，犯罪機会への接しやすさから，非行集団への所属にまでわたる無数の社会的影響の結果である。したがって，個人の特性は，社会的文脈の中で捉えられるべきである。本書は個人レベルの分析を強調するが，第 6 章では社会的影響も吟味する。要約すると，犯罪には，「唯一の原因（one cause）」も唯一の解決策もないというのが私の確固たる意見である。

犯罪に関する 2 つの生物学的視座

犯罪に関する生物学的アプローチは，行動遺伝学と社会生物学（あるいは進化心理学）という 2 つの大きな学問的視座からなる。両者とも，行動のルーツを環境と生物としての仕組みに求めるが，両者は歴史的起源，主たる研究方法，典型的な研究テーマに違いがある。

行動遺伝学の 19 世紀の創始者は，手短に言えば，多才なイングランド人，Francis Galton であった。彼は天気予報に使われる気圧図で気象学に貢献し，個人識別のための指紋（fingerprinting）の利用で科学捜査に貢献した。自らのアフリカ冒険について，のちにベストセラーとなる旅行本 "*The Art of Travel*" Galton, 1872）を書き，現代統計学の基礎である相関係数を考案した。パーソナリティと知能の個人差に関する Galton の仕事が，行動遺伝学へと展開した。特に Galton は，傑出した知的達成が生物学的に遺伝するかどうかを

確かめるために，天才の家族研究を行なった。このトピックについての著書『天才と遺伝（*Hereditary Genius*）』（Galton, 1869）は，知的能力に関する行動遺伝学的研究プログラムの創始となった。彼はまた，双生児研究法と養子研究法の先駆者となった。

Galton の人間特性に対する関心を引き継ぎ，**行動遺伝学**は，人間や人間以外の動物の特性の個体差に対する遺伝的・環境的影響を研究する。人間は，靴のサイズから知能までにわたる無数の身体的・心理的特性において異なっている。測定可能な特性の個体差はすべて，行動遺伝学研究にとって宝の山である。測定可能な特性は**表現型**（phenotype）と呼ばれ，個人に関し，信頼性のある観察と測定が可能であるものを意味する。かくして，行動遺伝学の中心的な研究法である双生児研究と養子研究は，遺伝が，足の長さ，知的能力など，あらゆる観察可能なばらつき（variation）に与える影響を探知するのに用いることができる。

進化理論の 19 世紀の創始者は，Galton のいとこチャールズ・ダーウィンであった。ダーウィンは，自然研究家およびフィッツロイ（FitzRoy）船長の仲間としてビーグル号に乗船した。ビーグル号による太平洋探検旅行で，ダーウィンはエクアドル沖のガラパゴス諸島へたどり着いた。そこで，ダーウィンは，硬いさやを砕いて内側にあるナッツを取るための強いクチバシから柔らかいタネを地面から拾い上げるための薄く華奢なクチバシまで，特定の食料源にとってもっとも適応的なクチバシをもつさまざまなフィンチ（鳥の一種）を観察した。ダーウィンは，正確にも，これらのフィンチは，大陸からガラパゴス諸島へと飛来した（あるいは，嵐で吹き飛ばされてきた可能性のほうが高い）特定の祖先種のフィンチの子孫であるという理論を立てた。ダーウィンがガラパゴス諸島で観察したひとつの種の祖先から（現在ではダーウィンのフィンチと呼ばれる）多様な種のフィンチへの放散は，ダーウィンに進化過程の存在を確信させた証拠のひとつである（Darwin, 1859）。

1975 年，ハーバード大学の名高い生物学者 Edward O. Wilson が，動物の種を超えた行動特性の進化に関する 1 冊の本を書いた。彼は，進化理論の人間行動への応用を最後の章に加え，この生まれたての分野を**社会生物学**（sociobiology）と名づけた。Wilson は，行動は行動特性が適応的であるような生物学的

進化から生じるものとして理解できると論じた。適応的であるとは、生存（survival）機能を果たす特性が、個体が子を産み、さらにその子が親の遺伝子のコピーを将来の世代へと伝えるために生存し生殖することを可能にするということである。社会生物学は議論の的になったが、それはWilsonが、社会生物学が多様な社会科学の分野を吸収しうると思い込んでいたためではなく、その後に起きた社会的・政治的論議のためである。最近ではこの分野は、社会的行動についてよりも、適応（adaptation）が考えや感情をいかに形成するかについてを強調するようになり、**進化心理学**（evolutionary psychology）と呼ばれるようになってきた。

進化は、世界を見るために眼を完成させ、タカを空中高く保つために翼を完成させたが、進化の研究プログラムは、進化によって形成された適応的臓器（adaptive organ）である脳にもっとも関心がある。この研究は、普遍的な行動や進化の途中で雌雄が直面した適応上の問題によって生じた特定の種の雌雄に特有の行動に焦点を当てている。このアプローチは、攻撃や愛他主義のような生存や生殖の機会に影響する行動には焦点をあてるが、一般知能（general intelligence）のような個体差の重要な領域であっても、必ずしも行動的適応に密接に関係するわけではない領域は無視する。遺伝子の観点から言うと、このアプローチは全人類に共有されている遺伝子異型（gene variants）の効果により強い関心をもっており、身長や目の色を決定するような、多型で（polymorphic、つまり、さまざまな形をとる）、その結果、個人間で異なる遺伝子にはあまり関心がない。

第2章・第3章では、行動遺伝学と進化理論が犯罪および犯罪性向を理解するのにいかに貢献できるかを検討する。

生物学的分析のレベル

還元主義者は、複雑な科学的現象の説明をより単純なものにしようとし続けている。物理学は方程式を用いて、真空で摩擦のない理想的な状況下に存在する物理的な力を記述する。生物学は脳は数十億の神経細胞で構成されているに

もかかわらず，単一の神経細胞の刺激パターンを分析する。

　還元主義には，よい面も悪い面もある。還元主義なしにほとんどの科学はここまで前進しえなかっただろう。たとえば，化学においては，メンデレーエフの周期表で表されたわずかな元素間の反応として，化学反応を記述することによってその理解が大きく進んだ。物理学では，ニュートンの万有引力の法則によって，衛星あるいは火星への進路を非常に正確に描けるようになった。ただし長期的には，複数の惑星とその衛星との間の重力の相互作用がカオス的挙動（chaotic motions）を作り出しうるので，惑星軌道（planetary orbits）は予測不可能となりうる。科学が私たちに何かを教えてきたとすれば，自然を理解するには「単純化せよ，単純化せよ，単純化せよ」ということである。

　一方で還元主義は，科学のあらゆる問題を解決できるわけではない。複雑系（complexity）の理論家たちは，現象を単純法則に還元するとより高次の相互作用の効果が見失われると指摘している。人間に関するできごとには，予測が外れることがしょっちゅうある。株式市場の得失や政治国家の盛衰を予測する確実な方法は，まだ誰も見つけていない。支配的な世界的権力であるソビエト連邦が1989年に急速に崩壊することを予測した賢者は誰もいなかった。精神（the mind）は脳内の電気化学的活性（electrochemical activity）に過ぎないが，その逆は真ではない。つまり，1つひとつのニューロンは精神ではない。

　生物学的還元主義では，犯罪に関係している生理機能の特定の変化を探す。還元主義は硬軟多様である。ある生物学的基質（biological substrate）が身体的・行動的特性と関係していればいるほど，生物学的な説明レベルへの還元主義の可能性が強まる。因果関係のもっとも強力な形においては，ただひとつの遺伝子とそれが生成するたんぱく分子が関与する。神経疾患であるハンチントン病（Huntington's disease）を考えてみよう。母ないし父から欠陥遺伝子の複製をひとつ受け継ぐと，不可避的に成人期にこの病気になる。最初の兆候は，通常，腕や足の制御不能な動きや記憶障害，人格の変化で，続いて全般的な知能の退化が起こり，そして死に至る。この因果連鎖は，ある遺伝子の継承に始まりある致命的疾病に至る。これは，前もって知りうる（そして本書を書いている時点でも治療不可能な）定められた宿命であり，もっとも強力な生物学的決定論である。

犯罪もそんなに簡単であればよいのだが，そうではない。犯罪は，脳の中にひとつの特定の原因をもたない。行動に対する生物学的影響の程度には，完全な決定論から（すべての行動は生物学的に用意されているというもっとも緩い意味は別として）「ゼロ」まである。犯罪に対する生物学的影響は，この極値の間のどこかに位置する。１つひとつの生物学的影響は，より強い犯罪性向という一般的な方向へと押すささやかな一押しに過ぎない。ある生物学的影響が他の行動のリスクを高めず犯罪や犯罪類似の行動に限ってリスクを高めるほど，その影響は犯罪に特化する傾向にある。犯罪への生物学的影響に関する興味深い問いのひとつは，いくつのレベルで還元主義が作用するのかである。私たちは，人格特性から生理機能における個体差まで降りていくことができるだろうか。第４章では，犯罪と相関しているいくつかの生理学的特徴を扱う。第４章でより詳細にレビューするように，短時間の実験室内の実験において見いだされた**安静時心拍数**の低さはその後の犯罪行動を予見するが，それは犯罪性向を高める方向へのほどほどの一押しに過ぎない。

　脳の生理学的差異の一部は，遺伝子のさまざまな変異が遺伝した結果によって生じている。第５章は，犯罪理解に対する分子遺伝学の貢献について取り上げる。犯罪が遺伝的に決定される程度の一部は，犯罪リスクに対してほどほどの効果をもっている遺伝子の数に依存している。効果をもっている遺伝子の数が少ないほど，生物学的な犯罪性向に対する１つひとつの遺伝子の影響は分かりやすい。現時点ではどのくらいの数の遺伝子が関連しているか，そして，その効果はどのくらい強力かということは誰にも分かっていない。第５章では，いくつかの単一の遺伝子の効果をより詳細に検討する。

環境的要因

　第６章では，犯罪性向および犯罪率に対する環境の影響を考察する。ここでは，友人集団を犯罪の環境要因と考えることから始める。友人集団のメンバーはお互いによく似た犯罪率をもつが，このような類似には，「類は友を呼ぶ(birds of a feather flocking together)」ことによる部分と，メンバー相互の

影響による部分がある。友人に関する議論は，遺伝と環境の相関――つまり，人々がどのように自らの遺伝的素因を強化するような環境を選択するか――について考えるのに適した文脈でもある。家族の影響を，遺伝子型×環境の交互作用の文脈で考察する。第6章の最後の節では，遺伝子の変化よりも急速なペースで進んでいる犯罪率の歴史的変化を扱う。歴史的記録は，犯罪に対する特定の環境的・人口学的影響を明らかにするかもしれないが，文化や人口動態のどの新たな側面が，犯罪の増減を引き起こしているかを，時代の複雑さが覆い隠してしまうことが多い。

第7章では，近年の犯罪性向に関する生物学の発見と，生物学的な考え方の誤用によって，もっとも議論を呼んでいる倫理的・法的問題に足を踏み入れる。この章は，犯罪の医学モデルと刑事司法モデルの間の緊張を扱う。広く知られてはいないが，医療は刑事司法制度の対象者，とりわけ青少年によく用いられている。精神医学の進歩を踏まえると，医学と刑事司法の接触が多くなるのはおそらく不可避である。第7章では，医学的疾患を予測するために生物学的検査を用いるのと同様に，子どもの将来の犯罪行動を予測するために生物学的検査を用いることに関する論争も扱う。19世紀および20世紀初頭には，犯罪をはじめとするさまざまな社会悪をなくすために，優生学運動は「不適者」の生殖を制限する提案を行なった。この章は，犯罪に関する生物学的知識が，再燃する優生学運動によって悪用される可能性について懸念する。最後に，犯罪行動の生物学的基盤についてより一層学ぶよう読者を励ます。

参照文献

Boyd, W. (1990). *Brazzaville Beach*. London: Sinclair-Stevenson.

Chagnon, N. A. (1988). Life Histories, Blood Revenge, and Warfare in a Tribal Population. *Science,* **239**, 935-992.

Cohen, L. E. and R. Machalek. (1988). A General Theory of Expropriative Crime: An Evolutionary Ecological Approach. *American Journal of Sociology,* **94**, 465-501.

Darwin, C. (1859). *On the Origin of Species by Means of natural Selection, or the Preservation of Favoured Races in the Struggle for Life*. London: John Murray (Harvard University Press, 1975).

Galton, F. (1869). *Hereditary Genius: An Inquiry Into Its Laws and Its Consequences*. London: Macmillan (Cleveland World Publishing Co., 1962).［フランシス・ゴール

トン（著）　甘粕石介（訳）　天才と遺伝（上・下）　岩波文庫　（1935）］
___. (1982). *The Art of Travel*. London: John Murray.
Gold, M. (1970). *Delinquent Behavior in an American City*. Belmont, CA: Wadsworth.
Gottfredson, L. S. (1997). Why g Matters: The Complexity of Everyday Life. *Intelligence*, **24**, 79-132.
Gottfredson, M. R. and T. Hirschi. (1990). *A General Theory of Crime*. Stanford, CA: Stanford University Press.［マイケル・R・ゴットフレッドソン，トラビス・ハーシー（著）　松本忠久（訳）　犯罪の基礎理論　文憲堂（1996）］
Hirschi, T. and M. J. Hindelang. (1977). Intelligence and Delinquency: A Revisionist Review. *American Sociological Review*, **42**, 571-587.
Shakur, S. (1994). *Monster: The Autobiography of an L. A. Gang Member*. New York: Penguin Books.
Wilson, E. O. (1975). *Sociobiology: The New Synthesis*. Cambridge, MA: Harvard University Press.
Wrangham, R. and D. Peterson. (1996). *Demonic Males: Apes and the Origins of Human Violence*. New York: Houghton Miffin.［リチャード・ランガム，デイル・ピーターソン（著）　山下篤子（訳）　男の凶暴性はどこからきたか　三田出版会（1998）］

第2章

犯罪性向の遺伝

　人は生まれたときから，犯罪を犯す傾向に関して違いがある。他の人と比べて生物学的に犯罪を犯しやすい人間がいる。実際，すべての人格特性（personality traits）は何らかの生理的根拠をもち，遺伝子の影響を受けているのだから（Loehlin, 1992），もし犯罪に対して遺伝の影響がまったくなかったとしたら不可解である。だから，それよりも重要な問題は，どのような脳の生理機能がある種の人たちをより強く犯罪に向かわせているのか，そして遺伝の影響は特定の環境の影響と交互作用しているのか，という問題である。ただし，これらの問題に取り組む前に，犯罪に対する遺伝の影響に関するエビデンスをいくつか検討する必要がある。また，私たちは，犯罪に対する環境の影響も検討する。「行動遺伝学（behavior genetics）」は，その名称は「遺伝学」だが，その手法は，実際のところ，遺伝の影響についてと同じくらい環境の影響についても明らかにしている。したがって，どのような行動遺伝学的研究も，遺伝の影響の程度だけでなく環境の影響の種類や強さをも示す。

一卵性双生児と犯罪

　一卵性双生児（identical twins）は，犯罪に対する遺伝の影響を発見する手段を提供する。一卵性双生児は，2人の子どもがひとつの受精卵から生まれることから**一卵性**（monozygotic ［MZ］）（mono＝ひとつの，zygote＝卵）双生児と呼ばれる。その受精卵の細胞には，母親の卵子細胞からの23個の染色体（遺伝物質）と，父親の精子細胞からの23個の染色体が含まれている。受精卵のムスメ（daughter）であるすべての細胞は，遺伝学的に同一である。受精卵の細胞が繰り返し分裂する中で，何らかの問題が生じ，成長した細胞群が，2つの胚に分かれる。おのおのの胚は，一卵性双生児のひとりになるために細胞分裂を続ける。一卵性双生児は，お互いまったく同じ遺伝子の一体（complement of genes）をもつ。だから双生児同士で皮膚を移植しても，免疫システムは拒絶しない。遺伝子上，同一人物の皮膚であるため，免疫システムは，移植された皮膚を「自分自身」として認識するからである。滅多にないことだが，胚が，3つ子以上の一卵性の子どもとなるような分裂をすることもある。あの有名なジェナイン家の4つ子のケース[*1]では，全員が同じ精神障害（統合失調症）を患った（Gottesman, 1991: 125-126）。

　一卵性の4つ子たちは，犯罪についても同じように合致するのだろうか。合致という言葉がまったく同じ犯罪を行なうことを意味するなら，おそらくそうはならない。クルーゾー警部[*2]が　卵性双生児の1人による犯罪を解決するためにもう1人の事件を利用するとは思えない。そうではなく，犯罪に対する遺伝の影響が意味しているのは，一卵性双生児のうちの1人が自己申告法非行尺度に挙げられている行為（窃盗，けんか，嘘をつくこと，他人を騙すこと）をたくさん行なっている場合には，もう1人のほうもそのような行為を平均以上に行なっている傾向があるということである。逆に，一卵性双生児の1人が

＊訳注1　1930年にアメリカ合衆国で出生した，一卵性の4つ子の姉妹。全員が統合失調症を発症し，この疾病の原因に遺伝の影響が大きいことを示した。なおジェナインは仮名である。
＊訳注2　1968年のイギリス映画

非行や犯罪行為をほとんど行なっていない場合には，彼あるいは彼女の片割れも同様のはずである。例を挙げよう。クレイ兄弟は地味な家庭の出身の一卵性双生児で，そろってイングランドの組織犯罪を牛耳るに至った。彼らが残酷な手段を用いて権力の座につく物語が，1990年の映画『ザ・クレイズ／冷血の絆（The Krays）』で描かれている。一方，ハン姉妹のケース[*3]は，犯罪行動が一致しない一卵性双生児を描くのに使われてきた。姉のジーン・ハンは友人と共謀して，双子の妹サニーに銃を突きつけた罪で告発された。しかし，警察がサニーにも犯罪歴があることを明らかにしたとき，アベルとカインの物語[*4]の信憑性は弱まった（Stryker, 1997）。

　犯罪に対する遺伝の影響を立証するための理想的な研究デザインは，別々に育てられた一卵性双生児を研究することである。異なる養親によって育てられた1人ひとりの双生児は，成長途中で異なる環境の影響にさらされる。当然のことながら，出生時に双生児を離れ離れにしてランダムに養親を割り当てるという理想的な実験は非倫理的であり，科学者が行なうことはできない。しかし時として，経済的困窮などさまざまな理由のため，双生児が出生時にゆえなく離れ離れになり，お互いを知ることなく，養親や血の繋がった親族に育てられることがある。この「別離成育デザイン（raised-apart design）」は完全ではないが，その双生児が犯罪行動においてまったく似ていない場合には遺伝の影響を排除することができるし，また，双生児の犯罪行動が一致する場合には遺伝の影響を支持することができる。

　離れ離れになった双生児は珍しく，見つけ出すのが難しく費用がかかるため，研究には単なるケース・ヒストリー研究か，複数の双生児を用いた研究がごく数件あるだけである。これらの研究のうちのひとつである「別離双生児のミネソタ研究（Minnesota Study of Separated Twins）」は，分析するのに十分な数の双生児のペアを見つけ出しており，別離した双生児に関する多くの興味深い逸話の情報源となっている（Segal, 1999）。たとえば，再会を果たした一卵性双生児の姉妹は絶えずクスクスと笑っており，ほとんど何についてもおかし

---

*訳注3　双子の姉ジーンが妹サニーを殺害させようとして2人の若者を雇った共謀事件。
*訳注4　聖書の中の物語。アベルは善人の弟で，カインは悪人の兄。

く感じたという。別の姉妹はたくさんの指輪で指を飾っていた。双子のジム兄弟は最初の妻の名前も2番目の妻の名前も同じで，前庭の木の周りに似たような木のベンチを作っていたという。2人はどちらも木工作業を趣味としており，家には立派な工具部屋があった。もちろん，これらの類似点のうち同じ名前の女性と結婚したのは，おそらく単なる偶然である。しかし，変わった味の外国製練り歯磨き粉を使うという類似点は，味の好みにおける遺伝的類似をおそらく反映している。確かに，行動上の類似性は，再会を果たした二卵性双生児のペアよりも，再会を果たした一卵性双生児のペアについてずっと多く見いだされた。唯一の例外は，体中に大量のイレズミをした二卵性双生児のペアであった。

　別離した双生児の犯罪性に関するある研究は，1組の別離した一卵性の3つ子（3つ子で考えうる3組のペア，AB，AC，BC）と31組の別離した双生児のペアを用いている（Grove et al., 1990）。インタビュー時その双生児たちは成人であり，彼らはアメリカ全土やときには国外からミネソタ州立大学へと連れてこられた。インタビューでは，アメリカ精神医学会の診断・統計マニュアル（Diagnostic Manual of the American Psychiatric Association: DSM-III）に載っている精神障害得点を求めるための質問が行なわれた。この研究では，児童期と成人期の「反社会性人格障害（antisocial personality disorder）」の症状の数を合計することで，より連続的な得点を算出した。犯罪を行なうことは，借金をするとか他人を騙すといった無責任な行動と同様，児童期・成人期両方における障害の兆候とされた。反社会性人格症状に対する遺伝の影響の推定値は，成人期の症状については.28（レンジ：.00〜.52），児童期の症状については.45（.14〜.62）であった。これらの推定値を表す専門用語が，以下の節で論じる「**遺伝率**（heritability）」である。私たちは，遺伝の影響の真の値が上記のレンジにあることを95％信頼できる。児童期の反社会的人格に与える遺伝の影響のレンジと成人期の反社会的人格に与える遺伝の影響のレンジが重なっているため，一方に対する遺伝の影響のほうがもう一方に対する遺伝の影響より強いと主張することはできない。また，成人期の症状のレンジの最小値はゼロだが，本章では，遺伝の影響がゼロというのはありえない値であることを示すその他のエビデンスにも触れる。これらの推定値に精確性が欠けてい

るのは残念だが，サンプルサイズがたったの34ペアなので，予期の範囲である。だが，この研究が明らかに意味しているのは，別々に育てられた一卵性双生児は，反社会性人格障害の症状に関し，遺伝の影響を反映する何らかの類似性をもつということである。また，児童期における症状と成人期における症状も関連していた。成人が児童期と成人期における症状を思い出すという自己申告法の回顧的性質によって，何らかのバイアスがもたらされている可能性はあるが，本章の後半で示すように，成人犯罪は児童期の行動障害に前兆がある。別離双生児を分析したこの研究は，児童期の症状と成人期の症状の遺伝的相関が .61 であることも明らかにしている。言い換えると，共通の遺伝子が児童期の犯罪的症候と成人期の犯罪的症候の両方に影響を与えているということである。

遺伝率係数の解釈の仕方

遺伝の影響は，**遺伝率係数**（heritability coefficient）で表されることが多い。この数値は遺伝の影響の強さを示す量的な値を与えるが，学生にとっても実務家にとっても分かりにくい。遺伝率係数は，金銭的価値の高い特徴を強めるために行なわれる人為的淘汰（artificial selection）にもっともよく反応する形質（traits）が何であるかを，動物飼育者たちが判断する助けとして考案された。遺伝率が高ければ高いほど，品種改良（selective breeding）によって毛色や犬の気性といった形質をより早く変化させることができる。たとえば，畜牛では，ミルクの生産よりも肉の比率のほうが早く品種改良できる。人間の遺伝学では品種改良プログラムは計画されていないが，遺伝率係数自体は遺伝の影響の強さを表すために利用されている。

数学記号 h^2 で表される遺伝率の値は，0～1.0のレンジをとる。直観的には，遺伝率は，ある形質の個人差のうち遺伝子によって説明される割合を表している。この概念については，遺伝子置換（gene substitution）の観点から考えることができる。遺伝子のひとつの変異型（variant）を別の変異型に置き換えるだけで，形質が変化する。そのような置き換えにより，ある人の眼は青くな

り，別の人の眼は茶色くなる。眼の色の遺伝率は100％に近いが，それは，（色つきのコンタクトレンズは別にして）眼の色のほとんどすべての個人差が，ひとつの遺伝子変異型が他の変異型によって置換されることに起因しているからである。フランス人と中国人は身体的形質に影響を与える多くの遺伝子について異なっているが，育ち次第で一方は恋人たち（lovers）の言葉を話し，もう一方は黄金の王朝（中国）の言葉を話す。したがって，言語の遺伝率は0％である。身長の遺伝率は，およそ.90，つまり身長の個人差の90％が遺伝的ばらつきに起因している。

　たとえを用いると，遺伝の影響に関する理解が進むかもしれない。以前，私の友人が夕食会を催し，おいしそうなピーカンナッツのパイをふるまった。しかし，来客たちは一口食べると顔を歪ませた。パイを作るときに，砂糖ではなくうっかり塩を入れてしまったので，塩がパイの味を台なしにしてしまったのだ。ここでの「形質」は，パイの味である。行動遺伝学の用語では，観察可能な何らかの形質を「**表現型**（phenotype）」——この例では，敏感な人間の味覚によって測定可能なもの——と呼ぶ。パイの遺伝子的な組み立て——パイの**遺伝子型**（genotype）——は，ひとつの変異型（塩）か，もうひとつの変異型（砂糖）である。材料の変更がもたらすピーカンナッツパイの味の「遺伝率」は，ほぼ100％である。この観察をするのに化学の訓練はいらない。塩がパイ作りにどう影響するかを知らなくても，材料の変更がもたらす味の違いは分かる。実際，ビール醸造者は，理論化学が現れるずっと前から完璧に美味しいビールを造っていた。このように，生理学的過程，つまり他の遺伝子とどのように交互作用しながら発達するかを知らなくても，遺伝子の効果は推測できる。とはいえ，生理学的過程に関する知識があることは非常に望ましい。

　遺伝率という概念はかなり明確になってきたと思うが，問題も残っている。.10や.40，.80という遺伝率をどう解釈したらよいかという問題である。遺伝率が.10というのは，表現型のばらつきの10％が遺伝子型の変異形で説明されるという意味である。10％というのは，植物育種家にとっては植物の経済的価値を高い形質に変えるためには何世代も交配を繰り返す必要があり非常にコストがかかることを意味するので，がっかりする数字である。社会科学において二変数間の関係の強さを表す指標は，相関係数 r である。相関係数が0

であるということは二変数間に連関がないことを示し，$r=1$は完全な連関があることを示す。変数 X が Y を予測する場合，相関が.50 であれば Y の変動の25％が説明される（すなわち $r^2=.25$）。社会科学者の用いる変数は，普通，変動のおよそ 10％しか説明しないので，彼らにとって遺伝率 10％というのは，親のしつけ方といった環境的影響の多くについて一般的に見いだされる影響の強さ（$r=.30$ つまり $r^2=.09$，変動の 9％）とほぼ等しい。統計学者 Cohen は，治療アウトカム研究（treatment outcome studies）について分散の 1％の説明力（$r=.10$）は効果サイズ「小」，9％（$r=.30$）は「中」，25％（$r=.50$）は「大」というおおまかな目安を提示している（McCartney and Rosenthal, 2000）。効果サイズのもうひとつの指標は，標準偏差を 1 単位とする 2 群間の差，d である。たとえば，ある処遇が一方の群の子どもたちの平均 IQ を 15 ポイント（1 標準偏差）上昇させたら，d の値は 1.0 である。効果サイズについて話すときには，私は群間の平均値の差（すなわち d 値）を，通常，相関係数に変換する。15 ポイントの IQ の上昇は，相関係数 $r=.45$，分散の 20％と等しい。

　Cohen の提示した目安によれば，行動特徴（behavioral characteristics）に対する遺伝の影響力の大半は「大」である。私の見解では，遺伝率が.10 以上あれば，遺伝の影響と生体の仕組みに関心をもつ必要がある。次章以降で取り上げるように，遺伝率の正確な値を知るよりも，生体情報（biological information）を犯罪性の起源を理解したり犯罪抑止と犯罪者の治療に活用したりする方法を見つけることのほうが重要である。

行動特徴に対する遺伝の影響を推測する

　行動特徴に対する遺伝の影響を推測する方法は 2 つある。ひとつは分子遺伝子マーカー（molecular genetic markers）について遺伝子型を特定し，異なるマーカーをもつ人たちの平均形質（trait）を比較する方法である。遺伝子型の特定とは個人がもっている固有の遺伝子変異型（genetic variants）を知ることである。たとえば，多くの人は自分の血液型を知っている。O 型の遺伝子

型は OO である。なぜなら，遺伝子は 2 つで 1 組だからである。B 型の遺伝子型は BB あるいは BO であるが，それは O が B に対して劣性[*5]だからである。もし血液型 OO の人たちのほうが BB や BO の人たちよりも自己申告非行の平均値が高かったら，遺伝子型（この例では血液型）と表現型（犯罪性）の間に関連が存在することになる。ただし，そのような関連はこれまで発見されたことはない。第 5 章では，特定の遺伝子型が犯罪性に与える影響についてのエビデンスをさらに詳細に考察し，血液型の遺伝子の変異型よりも行動特徴に影響を与える可能性の高い遺伝子について検討する。

　遺伝の影響を推測するもうひとつの方法は，血の繋がった親族（biological relatives）間における表現型の類似性を探すことである。この方法の論理立ては，血の繋がった親族同士は血の繋がりのない人同士よりも多くの遺伝子の変異型を共有しているからというきわめて単純なものである。拡大家族の成員同士の見た目が似ているのはこのせいであり，彼らは行動においても似ているはずである。遺伝的距離（genetic relatedness）は，0～1.0 までの範囲をとる係数 R として定量化されている。定義によれば，この係数は，共通の祖先をもつ生物学上同一の家系に属する 2 人の血縁者の遺伝子の共有率である。遺伝的距離が $R = 1.0$ の一卵性双生児は，$R = .50$ の二卵性双生児よりも，遺伝の影響を受ける行動においては類似しているはずである。完全に血の繋がっているきょうだい同士（$R = .50$）は，片親の違うきょうだい同士（$R = .25$）よりも似ているはずである。さらに，片親の違うきょうだい同士は，養子のきょうだい同士（$R = 0$）や養親の実の子と養子のペア（$R = 0$）よりも似ているはずである。

古典的な双生児研究デザイン：遺伝の影響

　以上の論理に基づくのが，二卵性双生児同士の表現型の類似性と一卵性双生児同士の表現型の類似性を比較する古典的双生児デザイン（classical twin design）である。遺伝的な期待によれば，一卵性双生児（$R = 1.0$）は，二卵性双生児（$R = .50$）よりも 2 倍は似ているはずである。しかし，一卵性双生児同

＊訳注5　2 つが合わさらないと表せない遺伝子の性質。⇔優性

士の表現型の相関が 1.0 で,二卵性双生児同士の表現型の相関が .50 になるという意味ではない。一卵性双生児同士の相関が .18 で,二卵性双生児同士のそれが .09 でも,2 倍である。双生児が本来可能であるほど類似していない理由のひとつは,特徴の測定が不完全だからである。たとえば,一卵性双生児の身長の相関は約 .90 である。9 歳の研究助手が 2 人いるとしよう。それぞれに,双生児のうちの一方を担当させて,伸び縮みする巻尺で身長を測定させたとする。この方法は測定誤差を生じるので,双子の身長の相関は間違いなく .90 をはるかに下回るだろう。測定の質が悪いと双子が実際よりも似ていないように見える。現実の環境の影響も双生児の類似性を下げるが,この点については後で論じる。

　行動遺伝学者たちは,古典的な双生児研究の有するいくつかの仮説を検証することに多大な努力を傾注してきた (Rowe, 1994)。その仮説とは,「等環境仮説 (equal environments assumption)」と「外見バイアス不存在 (unbiased by appearance)」仮説である。ほとんどの行動特徴についてこの 2 つの仮説は成立するように思われるが,犯罪性の場合はずっと複雑である。

　「外見バイアス不存在」仮説は,一卵性双生児の類似性が高いのは単に見た目が似ているからではないということである。確かに,見た目はいくつかの行動上の特性に影響を与えている。たとえば,10 代の魅力的な男女は,週末にデートをたくさんできる。しかし,見た目は,それ以外の多くの特性には影響を与えない。たとえば,人格特性や IQ は,身体的な見た目とは若干相関しているだけか,あるいはまったく相関していない。よって,一卵性双生児の見た目は類似しているが,そのことが彼らの性格や知能をより類似させるということはごく僅かしかないか,あるいはまったくない。たとえば,ボニーとクライド[*6]のクライドと,マリリン・モンロー[*7]は,どちらもとびきりの身体的魅

---

*訳注 6　1930 年代前半にアメリカ中西部で,銀行強盗や殺人を繰り返した,ボニー・パーカー (Bonnie Parker 1910 年 10 月 1 日-1934 年 5 月 23 日) とクライド・バロウ (Clyde Barrow 1909 年 3 月 24 日-1934 年 5 月 23 日) の有名な犯罪者カップル (wikipedia より)。
*訳注 7　アメリカ合衆国カリフォルニア州ロサンゼルス出身の女優 (1926 年 6 月 1 日-1962 年 8 月 5 日)。アメリカのセックス・シンボルといわれる。代表作は,『ナイアガラ』『七年目の浮気』『お熱いのがお好き』など。

力をもっていたが，見た目が道徳的な善良さや幸福さを保証しているわけではない。

犯罪学の分野では，見た目が犯罪性向を強く決定づけているとする見方は，1800年代と1900年代初期に，骨相学（phrenology）の影響で関心が高かった（Lombroso and Lombroso, 1972）。犯罪者には，先祖返り的な（原始的な）特徴があると言われていた。猿に似ていた人類の祖先との繋がりの強さを示唆する大きな眉隆や小さな額といった特徴である。現在でも，筋骨のたくましさといったいくつかの身体的特徴は犯罪性と関連しているとされるが，骨相学者が指摘した顔の特徴は有罪判決や刑務所収容とは無関係であることが，1800年代に行なわれた研究をはじめ多くの研究で明らかになっている。否定的な実証的エビデンスにより，犯罪学者は，骨相学を犯罪の説明に用いるのを放棄した。同様の理由で，犯罪学者は，一卵性双生児が犯罪において類似しているのは，見た目のせいであるとは主張できない。

双生児研究から環境の影響を推論するには，等環境仮説も重要である。等環境仮説とは，一卵性双生児と二卵性双生児はある特徴に影響を与える仕方について同様に扱われているという仮説である。実際，一卵性双生児と二卵性双生児に対する扱い方のいくつかは類似している。たとえば，ラドンガスは「がん」のリスクを高める。ラドンガスの水準が高い家では一卵性あるいは二卵性双生児の子どもは2人とも高い水準の放射線にさらされているが，一方，別の家ではラドンガスが少なく，がんになるリスクは2人とも低い。しかし，一卵性双生児のほうが二卵性双生児よりもラドンガスへの暴露においてより似ているとは考えられない。よって，「ラドンガスへの暴露」は，双生児研究法の等環境仮説を満たしている。

もうひとつの例では，一卵性双生児と二卵性双生児の扱い方が明らかに等しくない。一卵性双生児は，お揃いの服を着て並んで座っているととても可愛いので，二卵性双生児よりも親が同じような服を着させて世間に見せびらかすことが多い。このように，一卵性双生児のほうがより似通った扱い方をされることは等環境仮説に反しているだろうか。それは，この扱い方が，研究が対象としている表現型に影響を与えている場合に限られる。同じ格好をすると，双生児は，がんのリスクも似てくると考える人はいないだろう。したがって，一見，

仮説に反しているように思われるが，表現型ががんに罹る率なら反してはいない。では IQ はどうか。おしゃれではない洋服よりも，おしゃれな洋服によって（理由はともかく）人が賢くなるとすると，「同じような服を着せること」は，IQ について等環境仮説を冒すことになる。だが，ほとんどの人はこんなことを信じない。服装によって本当に IQ を変えられるのなら，野心をもった親は「成功のために」子どもを徹底的に着飾らせるだろう。

行動遺伝学者たちは等環境仮説を検証するために，多大な努力を傾注してきた（Rowe, 1994: 42-48）。多くの表現型について，双生児研究に対しこの前提に対する批判を向けることは，現実的なメリットは少ないにもかかわらず，不幸にも効果的であった。というのは，批判が何度も繰り返されたことで，多くの人々が（自ら真剣に考えることもなく）等環境仮説が破られているという批判を信じるようになり，重要な問題から注意をそらすことになったからである。

犯罪性は，等環境仮説に対する一貫した支持の例外となっている。犯罪が表現型である場合，2 つの点で等環境仮説が破られる。第 1 に，非行（成人による犯罪もそうだが），集団による現象であることが多い。「犯罪の相棒」に選ばれる人の中には，双生児や双生児以外のきょうだい（兄弟や姉妹）もいる（Rowe, 1983）。その結果，共犯で行なわれる犯罪は，双生児の双方について行為回数に加えられるため，一卵性についても二卵性についても双生児の犯罪性の類似性が高まる方向に統計的な偏りが生じる。第 2 に，一卵性双生児は二卵性双生児よりもきょうだい同士の社会的接触が多いため，等環境仮説が破られる。つまり，一卵性双生児のきょうだいはより多くの時間を一緒に過ごし，共通の友人をもつ傾向がある。こういった選好は，ある程度遺伝の影響による。（別々に育てられた双生児の研究［Bouchard et al., 1990 と Loehlin, 1992 を参照］で実証されているように）一卵性双生児は遺伝的により似ているので，二卵性双生児と比べ性格も興味も似通っているからである。一卵性双生児は多くの時間を一緒に過ごし共通の友人も多いので，お互いに影響を与え合ったり仲間から影響を受けたりする機会も多い。等環境仮説に対するこのような違反は，双生児研究から得られる遺伝率の推定値が，おそらく上方へのバイアスを受けていることを意味している。一方で，等環境仮説への違反は友人環境が犯罪に与えている影響のエビデンスとしても興味深い。

環境の影響

　双生児と養子の研究を行なうということは，行動に対する環境の影響を明らかにするということである。養子は，普通，自分とは遺伝子を共有しない親に育てられるため，家庭環境の影響を明らかにするのに理想的な集団である。養子は眼の色など，偶然の一致によって養親と遺伝的特性を共有しているかもしれないが，共有していないことのほうがずっと一般的である。たとえば，ヨーロッパ系の養親と養子を数多く調べれば，青い眼の養親に茶色い眼の養子がいることもある。養子の実の親が茶色い眼をしているためである。逆に，茶色い眼の養親でも青い眼の養子をもつこともある。やはり養子が，異なる生物学的性質を譲り受けているからである。結局，偶然以上に符合することはない。したがって，ヨーロッパ系の養親の眼の色を知ることで，養子の眼の色を予測することはできない。

　生物学上の家族では，親子は眼の色について何らかの類似性を示すが，それは彼らが共有している遺伝子（子どもが，一方の親から直接譲り受けた遺伝子）のためである。もちろん，お互いに遺伝的に完全に符合している一卵性双生児は，ほとんど常に眼の色が同じである（体細胞変異によるまれな例外では，片方の双生児の眼の色が変わるかもしれない）。同じ論理は，機能すら知られていない他の遺伝子にも当てはまる。実の親子は，通常これらの遺伝子を共有するが，養親と養子ではそうはならない。したがって，養親と養子の間に何らかの行動上の類似が見いだされたら，その特定の行動に対し環境の影響があるという論拠の強化となる。驚くことではないが，養子は，自分を育てた養親と同じ宗教の信者となることが多い。養親の教会から見よう見真似で学んだり教えを受けたりして，身につけるのである。一方で，肥満については家庭環境の影響はあまりない。肥満の養親には，痩せている養子も太っている養子も同じようにいる。太った人たちはポテトチップスやフライドポテト，ハンバーガーをがつがつ食べていると思われているが，悪い食習慣は（その悪習慣の実際の程度によって）子どもの体重に影響を与えるだろうという常識に反して，親は肥満に影響を与えないというのが頑健な研究結果である。体重に対しては，遺伝子の影響が絶対的であるように思われる（Stunkard et al., 1986）。

　双生児研究によって環境の影響を示すこともできる。たとえば，双生児は，

表2.1 利き手が左手である傾向の，一卵性双生児・二卵性双生児の，驚くべき非類似性

群	N	相関
一卵性双生児	428	.02
二卵性双生児	268	.05

相関係数は，もとの研究報告における，双生児サンプル1とサンプル2を平均したものである。
出典：Laland et al., 1995

一卵性，二卵性にかかわらず，どちらが利き手かについてほとんど類似性を示さない。表2.1は，一卵性双生児と二卵性双生児のいずれについても利き手の相関が概して低いことを示している（Loehlin and Nichols, 1976）。利き手でない手で字を書こうとしてみればすぐ分かるように，利き手は信頼性をもって測定することができる持続的な特徴である。利き手に対する環境の影響の多くは，双生児の2人に共通ではなく，その結果，1人を左利き，もう1人を右利きにするので，双生児の類似性を高めることはない。利き手に関する行動遺伝学の理論は，遺伝子型と環境の交互作用プロセスによってこうしたデータを説明する（その詳細は本書の枠を超える。興味のある読者はCorballis, 1997を参考にされたい）。

一卵性双生児と二卵性双生児のいずれについても，かなり高い相関をもつ特徴もある。成人の双生児では，教会参列がそのようなひとつの特徴である（Loehlin, 1993）。類似性の量的尺度である相関係数（0＝まったく類似していない，1＝完全に類似している）は，遺伝的に予想される以上に二卵性双生児の教会参列の類似性が高いことを示している。この知見は，双生児の類似性の原因の一部は共有遺伝子以外の何かであることを暗示している。それは，家庭環境かもしれないし，一緒に成長したことによる，それ以外の影響かもしれない。確かに，多くの家族では，宗教的信条を教え込むための熱心な努力がなされており，その教えや手本によって双生児の類似性が生み出されているようである。二卵性双生児の相関係数がたとえば.40で，一卵性双生児の相関係数も等しいような何らかの特徴は，サンプルサイズが小さいことによる偶然の結果である場合を除き，遺伝の影響である可能性を排除し，一緒に成長した子ども

を行動上類似させるような，何らかの種類の環境の影響である可能性を支持する。

共有環境と，非共有環境の影響

環境の影響は，一般的に，共有（shared）と非共有（unshared）の2種類に分類される。共有されている影響とは，きょうだいを共通の暴露にさらし，同様の影響を与える環境である。子どもの発達に対しステレオタイプどおりに影響を与えそうな極端な家庭を考えてみる。ホーマーの一家（恥を承知で，有名なテレビアニメ『ザ・シンプソンズ』のホーマー・シンプソンから拝借した）では，ホーマー（父）の好む活動は，テレビを見ること，ビールをがぶ飲みすること，ドーナツを食べること，仕事をしないことである。一方，アリストテレスの一家では，父親の好む活動は，読書，ニュース記事について話すこと，ゴルフをすること，シャルドネワイン（オーストラリア産）をたしなむことである。さて，多くの人は，これら2つの家族の子どもについて，ホーマー家の子どもは職業教育への道を，アリストテレス家の子どもは大学進学への道を進むというように，異なる結果を予想するだろう。家族間の違いがあまりにも強烈なため，家庭環境のせいで，異なる家族の子ども同士は似ていないが，同じ家族の子ども同士は似ていることが期待される。

非共有環境の影響とは，きょうだい（あるいは親子のペア）が類似しないように作用する影響である。一卵性双生児でさえ，顔の特徴や歯並びなど身体的特性がすべて同じであるわけではない。このような違いは，ホルモンレベルから栄養に至るさまざまな力が発達過程に影響を与える時期である子宮内発育の複雑さによって生じる。発達過程の胎児における細胞分裂の速度は天文学的で，まったく同じようには二度と起きない。発達の複雑さを考慮すると，一卵性双生児がかくも類似しているのは驚くことである。非類似性を生じるその他の原因としては，学校の先生との固有の経験，異なる行動を促す友人集団，親による扱い方の違いなどである。ただし，注意が必要である。親による扱い方の違いが非共有環境となるのは，それが子どもの行動に違いをもたらす限りにおいてである。もし，多動な子どもが，自分よりおおらかなきょうだいより親から厳しいしつけを引き出してしまうのなら，親による扱い方の違いがあっても，

表2.2　共有環境の影響と非共有環境の影響の例

共有環境の影響	非共有環境の影響
社会階級[1]	両親の接し方がきょうだいによって異なる
親の宗教	胎児に対する発達的できごと[2]
親の温かさ全般	異なる教師
親の語彙レベル	異なる友人集団
近隣の秩序の乱れ	ストレスを与える日常生活経験

1) 社会階級もまた，きょうだい間の違いをもたらす可能性がある。たとえば，2人きょうだいが8歳違いで生まれ，第1子と第2子が生まれた8年間の間に家族が極貧状態から金持ちになったような場合である。共有環境の影響の総計は，きょうだいに共通する特定の環境的経験のすべての効果の合計である。ある特定の経験は，共有環境の影響の変動の一部にも，非共有環境の影響の変動の一部にもなりうる。

2) 「環境」とは，たとえば，子どものうち1人は胎生期にウィルスにさらされ，もう1人はさらされないというような，「生物学的な環境」であることもある。行動遺伝学者は「環境」という言葉を遺伝的でないすべてのものに対して使用する。

環境が子どもに影響しているのではなく，子どもが親の行動を形成しているのである。表2.2に，共有環境の影響と非共有環境の影響のうち，影響をもたらしうるものを列挙した。もたらしうるとは，特定の行動特性の変動を実際に生じる可能性があるということである。

行動遺伝研究デザインにおける遺伝の影響と環境の影響の推定

犯罪行動について，遺伝率（h^2），共有環境の影響（c^2），非共有環境の影響（e^2）は，どのように推定するのだろうか。私は，すでに2つの方法を論じてきた。別々に育てられた双生児を調べる方法と，一卵性双生児と二卵性双生児の両方を用いる古典的双生児デザインである。表2.3に，これらの方法を他の2，3の可能性を加えて要約した。行動遺伝学では，h^2，c^2，e^2の推定値を求めるのに複雑な統計を用いることがしばしばある。とはいえ，そうした数学的方法は，血の繋がった親族間で観察された類似性から情報を引き出しているだけのことである。それでは，表2.3のいくつかのシナリオを考えてみよう。ど

表2.3 自己申告犯罪の行動遺伝的研究の仮想的な結果の例

群	相関係数	影響
例1		
一緒に育った一卵性双生児	.56	共有環境, 非共有環境
一緒に育った二卵性双生児	.56	
例2		
一緒に育った一卵性双生児	.56	遺伝, 共有環境, 非共有環境
一緒に育った二卵性双生児	.40	
例3		
養親と養子	.00	遺伝, 非共有環境
養親とその実子	.33	
例4		
血の繋がりのない養子同士	.27	共有環境, 非共有環境

の親族群についても550ペアを抽出し,自己申告式の犯罪尺度に答えてもらうとする。その測定尺度には,「車を盗んだことがありますか」とか「違法に武器を持ち歩いたことがありますか」といった質問がある。0(まったく似ていない)から1.0(完全に同じ)まで変動する相関係数が,親族ペアの行動類似性の指標となる。

例1では,一卵性双生児も二卵性双生児も非常に似ている。一卵性双生児同士が二卵性双生児同士以上に似ているわけではないため,遺伝の影響の可能性はない。共通の経験ゆえに,双生児同士が類似しているのである――.56は,0と比べきょうだいの類似性がはるかに大きいことを示している。したがって,共有環境の効果は $c^2 = .56$ である。残りは,非共有環境の効果に何らかの測定誤差を加えた $e^2 = .44$ である。

例2は数字がより複雑である。一卵性双生児同士は二卵性双生児同士よりも似ているため,何らかの遺伝の影響が存在する。また,双生児同士が完全に似ている(1.0)わけではないので,何らかの非共有環境の影響がある。これらの相関から,実際の推定値は $h^2 = .32$, $c^2 = .24$, $e^2 = .44$ である。

例3は養子研究である。連関のパターンは,遺伝的影響があるという仮説の予測と適合している。養子となった子どもは実の親と似ており,養親とは似て

いない。この例の遺伝の影響の推定値は $h^2 = .66$ である。読者は「なぜ親と子の相関係数である，.33 ではないのか」と疑問に思うかもしれない。親と子どもは遺伝子の 50％を共有しているのであって，100％を共有しているのではないというのがその答えである。親と子どもは体重，身長，相貌，髪の毛や眼の色がある程度は似ているが，同じではないことを考えてみるとよい。100％の遺伝子が共有されていないことを補うために，遺伝率を推定するには親と子どもの相関係数を 2 倍する。非共有環境の効果は .34 である。

一方，例 4 は，同じ家族の中で育った生物学的関連のないきょうだいである。そのような家族は，すでに養子のいる家族が 2 人目の養子を取った場合にできる。養親が選択して家族のバランスをとることができるため，アメリカでは，最初の養子が男子なら次の養子は女子であることが多い。このような養子の間には遺伝的関連がないから，きょうだいが類似しているのは遺伝のためではない。ただし，ひとつ例外がある。例外というのは，養子代理業者が，社会階級や人種といったいくつかの点で，養親にふさわしい養子を選ぶことがあり，そのため，養子のきょうだい同士が生物学的に類似することがあるからだ。しかし，実際のケースのほとんどでは，このバイアスはあまり大きくない。ここでの仮想例では，養子紹介効果はゼロと仮定する。すると共有環境の効果は .27 で，きょうだい間の相関と等しい。非共有環境の効果は，.73 である。

これらの例は，2 つの原則を明らかにしている。1 つの原則は，遺伝の影響を明らかにするには 2 つ以上の方法があるというものである。研究デザインとしては，双生児研究，養子研究，表 2.3 には含まれていないが親族のグループ（たとえば，一方の親が異なるきょうだい）の研究がある。もう 1 つの原則は，それぞれの研究デザインには固有の欠点と利点があるということである。上述のとおり，双生児は「犯罪の相棒」になることがあり，よって，もともと似ている以上に似てしまう傾向がある。だが，養子デザインにおいてはこの制約は問題とならない。実の親は，養子となった子どもに対し，社会的に影響を与える立場にはないからである。このことは，過去に行なわれていた「閉じた」（つまり，養親と実の親との間には何の接触もない）養子縁組については特にいえる。

研究デザインの基本的な論理を理解するために行動遺伝学の専門家になる必

要はないが，基本的な論理を理解すれば特定の研究結果を評価する助けとなる。また，たった1件だけの研究では完全でもなく絶対的でもないことが明確となるはずである。個々人の犯罪性向に何らかの遺伝の影響を認める理由は，ある1件の研究が一卵性双生児同士が二卵性双生児同士よりも似ていること（この知見は，犯罪を共に行なった一卵性双生児によっていくぶん誇張されている可能性がある）を見いだしたからではなく，さまざまなタイプの研究で得られたエビデンスの重みがその方向を指し示しているからである。次節では，犯罪性に対する遺伝の影響を支持しているいくつかの知見を概観する。

Mednick による犯罪に関する養子研究

デンマークは，寒くて過酷な北海に面した小さな国である。デンマーク人の86％は都市に住んでいる。この国はアンデルセンの童話で有名だが，少なくとも養子研究者にとっては素晴らしい住民記録システムで有名である。1950年代に Sarnoff Mednick がこのデータを養子の子ども（後に，成人），その養親と実の親の犯罪記録を見つけるために利用した。彼の問いは，実の親に犯罪歴があることは養子に出した子どもの犯罪率を高めるかというシンプルなものであった。

Mednick と同僚たちによる1万4,487人の養子についての研究結果は，1984年に「サイエンス（*Science*）」に掲載された。彼は，犯罪者である実の親が養子に出した子どもの犯罪率が高いことを見いだした。

> 実の親も養親のいずれも有罪歴がない場合，息子の13.5％が有罪判決を受けていた。養親に有罪歴があり実の親に有罪歴がない場合，この数値は14.7％にしか上昇しない。だが養親に有罪歴がなく実の親に有罪歴がある場合，息子の20.0％が有罪となった。養親にも実の親にも有罪歴がある場合，息子の24.5％が有罪となった。これらのデータは，犯罪の原因の一部は遺伝である（partial genetic etiology）という仮説を支持している。
>
> （Mednick, Gabrielli, and Hutchings, 1984, : 892）

もうひとつの説得的な観察結果は，実の親の犯罪と養子に出された子どもの犯罪の間の「用量依存的（dose dependent）」な関係であった。より何度も有罪となったことがありより重い罪を犯した実の親は，犯した犯罪の少ない実の親よりもおそらく遺伝的性向の用量が多い。したがって，有罪回数の少ない実の父親の子どもと比べ，有罪回数の多い実の父親の子どものより多くがまた，より強く影響を受けるはずである。そう考えたMednickは，実の父親の有罪回数によって養子に出された子どものサンプルを分けた。

　彼の研究結果を図2.1に示す。実の父親の有罪回数と，養子に出された子どもの有罪回数との関係を表した棒グラフである。父親は，有罪回数が0回，1回，2回，3回以上という4群に分けられている。各群は，子どもの有罪回数によって濃淡がついている。予想どおり，実の父親の有罪回数が0回から3回以上に増加するにつれて，子どもの有罪回数は多くなった。常習的な犯罪者の父親をもつ，有罪となったことが3回以上ある子どもの群は，37人の常習的犯罪者で構成されていた。彼らは全サンプル中のほんの1%に過ぎないが，驚くことに有罪記録の30%にかかわっていた。デンマーク社会にとって幸運なのは，すべてのカテゴリーにおいてほとんどの子どもたちには有罪歴がなかったことである。遺伝の影響は犯罪行動のリスクをもたらすものの，無数の環境の影響と相互作用をしている。

　Mike GottfredsonとTravis Hirschiは，非常に高い評価を得ている著書『犯

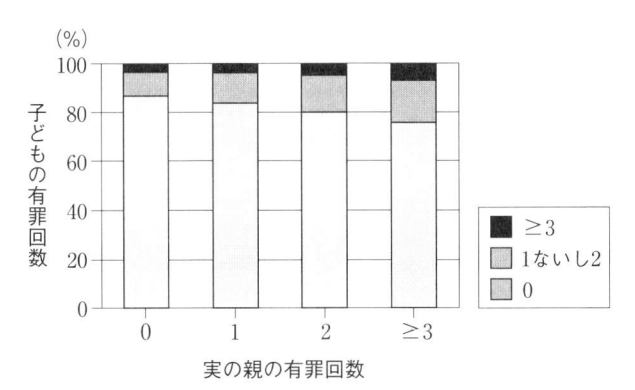

図2.1　実の父親の有罪回数ごとの，養子に出された子の有罪回数
出典：Mednick, Gabrielli, and Hutchings, 1984

罪の一般理論(*A General Theory of Crime*)』(Gottfredson and Hirschi, 1990)の中で，Mednick の養子研究に対して激しい攻撃を加えている。彼らは，コペンハーゲン市で収集されたサンプルから得られた親の犯罪性と子どもの逮捕率の関係に関する先行知見を Mednick の統計結果と比較している。彼らは，デンマーク全体の有罪率からコペンハーゲンの逮捕率を引くことによってコペンハーゲン以外の犯罪性の率を推定しようとした。しかし，この「リンゴからミカンを引く」引き算からは，解釈可能な結果は得られそうにない。Mednick は，批判者に対する未公表の回答において，Gottfredson and Hirsch が事後分析で犯したこの間違いをはじめとするいくつかの間違いを指摘している（Mednick, 2000）。したがって私はデンマークでも，地方においては，養子の犯罪行動に遺伝は影響しないとする Gottfredson and Hirschi の結論を信じない。スウェーデンやアメリカで行なわれたその他の養子研究も，犯罪性向の遺伝的伝達（genetic transmission）を支持している（たとえば Bohman et al., 1982; Cloninger et al., 1982; Cadoret et al., 1995; Rowe, Almeida, and Jacobson, 1999）。

とはいえ，Gottfredson and Hirsch のアプローチは，遺伝率は場所によって異なりうるという興味深い論点を提起している。都市よりも比較的人口の少ない地方のほうが，親や教師が子どもの行動をよく見ているかもしれない。こうした社会統制が強ければ，犯罪行為を抑止しうる。都市には犯罪の標的がより多く，警察活動もおそらくより活発である。2人の子どもを犯罪性向——たとえば，Gottfredson and Hirsch の一般犯罪理論（general theory of crime）で非常に重要とされている「低い自己統制（low self-control）」という性質——についてマッチングしたとしても，場所によって行なう犯罪の数も異なれば，逮捕の確率も異なる可能性がある。遺伝子型と環境の交互作用に関するアイディアは，常に探究する価値がある。本書では，第6章で再びこの議論に戻る。

犯罪傾向の双生児研究

1920年代以降，自己申告による犯罪行為と公的な逮捕・有罪判決を対象とする双生児研究が行なわれてきた。これらの研究は，遺伝と環境の影響が合わさりながら年齢とともにいかに変化するかに焦点を当てることによって，発達的視点からの犯罪性の考察へと見事な発展を遂げてきた。DiLalla and

Gottesman（1990）がレビューしたように，思春期の非行に関する双生児研究は遺伝の影響をほとんど示していない。双生児の類似性についてのひとつの尺度は，双生児一致度（twin concordance）である。警察や裁判所に非行記録がある双生児を1人選ぶ。次に，その双生児の片割れの犯罪歴も調べ，双生児の両方に犯罪歴があればそのペアを一致（concordance）しているとみなす。2人のうち片方だけに犯罪歴がある場合には，その2人は不一致（discordant）である。6件の小規模な研究において，一卵性双生児の一致度は87％，二卵性双生児の一致度は72％であり，差は小さかった。成人の犯罪性についても同じ分析法が用いられたが，一致率は劇的に異なっていた。9件の研究を平均すると，一卵性双生児の一致率は51％，二卵性双生児の一致率は22％と際立った差があった。自己申告非行に関する私自身の双生児研究（Rowe, 1983）は，非行の個人差の38％は遺伝，28％は共有環境，34％は非共有環境によるものと推定した。一卵性であろうと二卵性であろうと，双生児が共有している環境の影響力は非行の個人差に影響していた。

発達的視点

遺伝の影響は，思春期の犯罪性よりも成人の犯罪性に対して大きく，また軽微な逸脱よりも重大な逸脱に対して大きいという着想は，直感的に言って魅力的なものである。特に自己申告非行尺度は，10代の少年に対し，親にウソをつくことや門限破りといった「反則」まで咎めているのだから，男子少年が法律や親の期待に軽く反してしまうことは一般的である。それでも，これらの項目は，より重大な種類の犯罪と統計的に関連しているため，非行に関する質問紙に含まれている。ただし，項目によって発生率には大きなばらつきがある。親にウソをついている若者は約50～60％いる（自分のことを心から正直者だと言う若者を本当に信じられるだろうか）が，誰かに暴行して重傷を負わせた者はほんの2，3％である。母集団において，犯罪性向をもつ者は少ないと考えられる。しかし，思春期の男子の60％が「患っている」としたら，私たちはおそらく「正常さ」の遺伝的性質を調べなければならない。

因果関係が不均質（自己申告式非行尺度得点が全く同じ20点の2人であっても，異なる人生を経てその得点に達したということの気取った言い換え）であると直感的に思われるもうひとつの理由は，特に男子においては，友人が非行を助長しうるからである。Gold（1970）は，男子非行集団と，その場の寄せ集めによるスポーツチームをなぞらえた。男子は，バスケットボールのコートでお互いを挑発しあう。真の悪意というよりむしろいたずら半分で行なわれることが多いタイプの犯罪については，同じことが行なわれているのだろう。

Moffitt（1993）は，この違いを，**思春期限定型**（adolescence-limited: AL）非行と**ライフコース持続型**（life-course-persistent: LCP）非行の対比として捉えている。Moffittによると，さまざまな思春期限定型非行は，大人の成熟さを身につけたいという青少年の欲求に起因し，支持的な友人によって強く促される。思春期限定型非行少年は，より成熟したようにみえるライフコース持続型非行少年（以下に記す）の非行行動を社会的に模倣する。私には，どうして15歳の少年がシボレー・コルベット[*8]を運転してすてきな彼女を腕に抱えたいかが理解できる（ここでは，男子に焦点を当てるが，その理由は，Moffittの理論が暗黙に男子非行の理論だからである）。

だが，Judy Harris（1995）が皮肉を言っているように，思春期の男子が本当に一歩早く大人の成熟さを身につけたいのなら，自分の所得税を計算する方法を練習するだろう。私が指摘したいのは，酒を飲むことやセックスといった一部の形態の非行だけがその後の成人期の前兆だということである。殴り合いのケンカに発展するような恋人の三角関係は思春期においても成人期においても認められていないし，他の重大な犯罪も同様である。つまり，思春期に典型的なこれらの逸脱の形態には，大人の成熟さを身につけたいという以上の何かがあるというのが私の考えである。非行は友人に助長されることが多く，思春期限定型非行少年の多くはその後犯罪をやめるという点で，Moffittに同意する。第3章では，思春期の犯罪発生率の高さを，ほとんどの男女が交際相手を選び終える前のこの時期にピークに達する男性同士の激しい性的競争（sexual competition）によって説明する（Kanazawa and Still, 2000）。Moffittによる

＊訳注8　シボレーのスポーツカー

と，遺伝的に決定される特徴は，思春期限定型非行にはほとんど影響しない。

対照的に，ライフコース持続型非行は，素因遺伝子（predisposing genes）を含む強い生物学的ルーツをもつとされる。Moffitt は，幼少期の先行要因を調べることで，この2種類の非行を識別する便利な方法を示している。ライフコース持続型非行少年は幼少期にすでに反社会的であって，年齢を重ねるにしたがってそのような行動を単に継続したか，あるいはおそらく悪化させた者である。とりわけ，ライフコース持続型非行少年は，遺伝性の精神障害などさまざまな指標においてメンタルヘルスが不良である。児童期にはこの男子少年は，注意欠陥多動性障害（attention-deficit hyperactivity disorder: ADHD），反抗挑戦性障害（oppositional defiant disorder: ODD），行為障害（conduct disorder: CD）といった精神科診断を受けていることが多く，また計画性といった高次知能の機能を評価する検査においても得点が低いことが多い。衝動性統制の低さ（low impulse control）という症状も示すが，これは Gottfredson and Hirsch の一般犯罪理論の中核にある「低い自己統制」の概念を思い起こさせる。

Moffitt は2種類の非行少年を，明確に異なるカテゴリーとして区別をした。思春期の少年を一方のカテゴリーか，もう一方のカテゴリーに押し込めたのである。遺伝学では，非連続のカテゴリーという考えは，有名なメンデルの法則と一致する。グレゴール・メンデルは，遺伝のメカニズムに関する自身の最初の研究において，黄色の莢か緑色の莢か，あるいはツルツルの莢かシワシワの莢かといったエンドウ豆の性質を利用した。これらの形質は人間の血液型と同様，真にカテゴリカルで単一遺伝子によって決定されるので，メンデルにとってエンドウ豆に魅了されたことは思いがけない幸運であった。「黄色っぽくて緑色」の莢のエンドウ豆は存在しない。莢の色は必ず黄色か緑色である。もしメンデルが単一遺伝子によって決定されることのない植物の特徴を選んでいたとしたら，遺伝についての彼の推測は失敗していただろう。ある気の利いた漫画には，メンデルがチェコ共和国の彼の修道院の修道士にエンドウ豆の食事を出す場面があり，「メンデルさん，エンドウ豆はもう結構」という吹き出しがついている。

思春期限定型（AL）非行少年とライフコース持続型（LCP）非行少年という2種類の非行少年が存在するかどうかは，最終的には研究によって答えるこ

とができる問いである．だが，私自身の直感は，この2つのタイプは，一端を社会的規範への厳格な同調・遵守とし，もう一端をもっとも深刻なライフコース持続型非行とする連続体の一部であると考えたほうがよいというものである．間違いなく多数の（おそらく数百もの）遺伝子が関与しているため，これらのタイプに対する遺伝的影響は連続体の上に並ぶことになる．遺伝的組み合わせという単純な理由に従い，多数の遺伝子による影響は，正規分布のもつ釣鐘型となる．よって，中程度の非行をする者にはおそらく幼少期にいくつかの徴候があるが，深刻なライフコース持続型非行少年よりは少ない．中程度の非行少年が有する大きめの遺伝的リスクは，幼少期の行動からは明らかでないとしても存在はしている．多くの遺伝的形質が**閾値形質**（threshold traits）と呼ばれるのは，ある閾値を超えるまでは，その遺伝的リスクを発達の異常として観察できないためである．複雑な特徴は，メンデルのツルツルの莢やシワシワの莢のように，単純でカテゴリカルな効果から生じるわけではない．

　それでも，Moffittの二分法は，成人期より思春期のほうが犯罪に対する遺伝効果が弱いという，しばしば見いだされている，遺伝の犯罪に対する効果の大きさが年齢により変化するという観察を説明するのに利用できる．思春期には，思春期限定型非行少年が犯罪を始めるため，男子のうち非行を行なう者の比率が増加する．思春期に非行を始める少年の多くは，犯罪へと向かう強力な遺伝的性向をもたない．したがって，全体として犯罪の遺伝率は低下する．この変化は，遺伝子が思春期の非行開始に何も関与していないという意味ではない．思春期になりあごひげが生え始めると同時に，男子少年たちは親をはじめとする権威との衝突へと駆り立てる性的欲求などの動因に対処し始める．しかし，これらの遺伝的効果は，すべての人に広く共有されている．経験や成熟を積むことで——それに加え，おそらく10代後半に脳の成熟が完了するので——これらの思春期限定非行少年は犯罪をやめ，結婚，仕事，キャリアへと進んでいく．だが，さらに強力な犯罪性向をもつ少年たち，つまりライフコース持続型非行少年は，犯罪や，犯罪的ではあるものの刑事司法機関の目を逃れることが多い（妻の虐待などの）犯罪以外の行為を行ない続ける．彼らの行動は遺伝によるところが大きいため，遵法的成人と犯罪者の間の相違は強力な遺伝的ルーツを有すると思われる．

広義の攻撃性は，遺伝率が中程度（$h^2 \sim .50$）である（Miles and Carey, 1997）。知能に似て，攻撃性はきわめて安定した個人特性であり，子ども全員の攻撃性レベルの平均が下がる時期においても，攻撃性の高い子どもは他の子どもよりも攻撃性が高いままである傾向がある（Loeber and Hay, 1997; Loeber et al., 2000）。攻撃性の高い青少年は侵入盗やその他の非攻撃的犯罪も行なう傾向が高いため，攻撃性は逸脱行動症候群の核となる特性である。とど

Column 2.1　子どもがもっとも攻撃的なのはいつか

アメリカ社会では，子どもは攻撃を学習するという考えが一般的である。社会的学習理論家の Albert Bandura は次のように主張している。「人は，前もって形成された攻撃的行動のレパートリーを身につけて生まれてくるわけではない。人は，こうしたレパートリーを何らかの仕方で学習する」（Tremblay et al., 1999 が引用）。フランスの哲学者ルソーも，人は，心の内に原罪をもたずに生まれてくると考えていた。

しかしながら，純潔無垢の年齢という考えは，身体的攻撃行動（例：押す，蹴る，叩く）の実際の年齢過程を見ると，素朴に過ぎるようである（Tremblay et al., 1999）。身体的攻撃行動を表出する子どもの比率は生後10か月時には，ほぼゼロだが，17か月時では，押す48％，蹴る24％，叩く15％と，半数には至らないものの相当な比率に達する。暴力的なテレビ番組をほとんど見ない年齢において，子どもはすでに攻撃的である！　幸いにも，乳幼児の筋力や運動協調は限られているので，被害者に大きな傷害を負わせることはできないし，警察も彼らを暴行罪で起訴することはない。それでも，人間以外の霊長類の場合と同様，早い年齢の攻撃行為は，その後の人生における暴力行動の前兆となっている。

もうひとつ驚くべき発見は，身体的攻撃性は，小児期を通じて実際には低下していることである。Tremblay の研究チームは，上記とは別の子どもの群を6歳から16歳まで追跡した。図2.2に示されているように，攻撃行動の平均回数は就学前は安定しており，10歳以降急速に低下する。Nagin and Tremblay (1999) は，攻撃性に関し「遅咲き (late bloomers)」と呼べる子どもの群はひとつも見つけられなかった。つまり，思春期半ばに身体的攻撃性を表出した男子少年には全員，小児期にも同じ行動の前歴があった。ただし，小児期に攻撃性を表した子どもの多くは思春期半ばまでにはその行動をやめているので，保護者は安心したほうがよい。

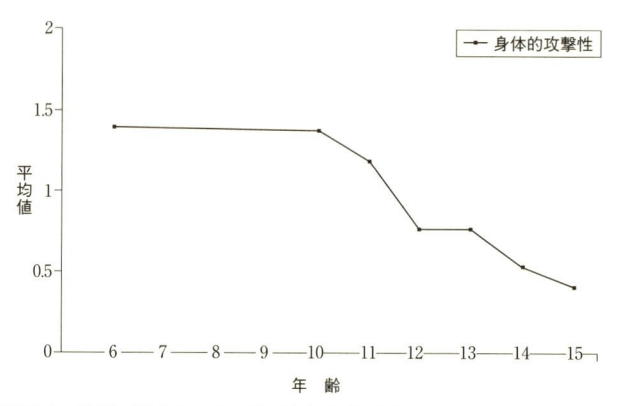

図2.2　教師の評定による，男子少年の身体的攻撃性（6歳から15歳）
出典：Reprinted from Tremblay et al., 1999. Copyright © Whurr Publishers, Ltd. Reprinted by permission.

のつまり，攻撃性は，人間の本性の一部であるように思われる。つまり，学習しなければならない行動ではなく，早い年齢から抑制される必要のある行動のようである。

精神障害と犯罪性

　精神科遺伝学（psychiatric genetics）の分野も，非行や成人犯罪に関連する行動障害の遺伝的性質について知見を積み重ねている。精神科遺伝学は，行動遺伝学のすべての方法を用いるが，特定の精神障害に焦点を当てる（Faraone, Tsuang, and Tsuang, 1999）。精神障害は，アメリカ精神医学会（American Psychiatric Association）の『精神障害の診断・統計マニュアル（*Diagnostic and Statistical Manual of Mental Disorders*: DSM-IV）を用いて定義されるのが通例である。それぞれの障害は，一定数の症状の存在によって定義される。症状は，行動であることが多いが，（睡眠不足のような）身体的訴えの場合もある。症状の重さ，期間，開始年齢が，診断にとって重要であることもある。この系統的な基準の使用によって精神障害の診断は改善してきたが，診断プロセスは科学であると同時に未だに芸術である。それゆえ，診断ミスや精神科医

の意見の不一致が起きる。

　児童期においてその後の犯罪行動をもっともよく予測するのは，次の3つの診断である。注意欠陥多動性障害（ADHD）と，反抗挑戦性障害（ODD），そして行為障害（CD）である（Loeber and Hay, 1994）。

　表2.4に，長期間の追跡研究においてその後の非行を予測する，児童期の種々の精神障害の症状を選んで挙げてみた。読者は自己診断を始める前に，症状の期間と強度が診断基準の一部であることを思い出してほしい。授業がつまらなくて落ち着きをなくしたことが一度あったからといって，注意欠陥障害と診断されなければならないわけではない。真夜中に冷蔵庫を開けて食べるような衝動的な行動がたまにあっても，多動性の構成要素である衝動性の真の症状には相当しない。

　行為障害の症状は自己申告非行質問紙の項目に似ており，実際，同一のものもある。とはいえ，似ているからといって精神医学と犯罪学が非行を同じように見ているわけではない。犯罪学者は，個人差をより連続的な見方で捉え，非行をしない少年，軽度の非行少年，重大な非行少年の間にはっきりとした区別

表2.4　児童精神障害の症状例

行為障害（conduct disorder）の症状
1. 動物に身体的に残酷な仕打ちをする。
2. 故意に他人の持ち物を壊す。
3. 家の人と身体的なけんかを始める。
4. 問題からのがれるために嘘をつく。

衝動性（impulsivity）の症状
1. 考える前に行動する。
2. 考えずに危険なことをする。たとえば，周りを見ないで道路に飛び出す。

不注意（inattention）の症状
1. 活動の仕方を計画するのに悩む。
2. 学校の課題やその他の行動で不注意な過ちをおかす。

多動性（hyperactivity）の症状
1. 場所や時間にお構いなく，余計に走り回ったり，高い所に登ったりする。
2. 「スイッチがオンになったように」「エンジンで動いているように」見える。

出典：エモリー DSM 評定尺度（Emory DSM Rating Scale: EDRS）―親用

があるとは考えない。それに対して一般医学の伝統に立つ精神医学は，逸脱をカテゴリカルに捉える傾向がある。インフルエンザにかかっているかいないかのいずれかである。自分の身体の4分の1がインフルエンザで，4分の3は正常であるということはない。発熱や疼痛といったインフルエンザの一般的な症状は，症候群として一緒に生じるのが普通である。もっとも重要なのは，インフルエンザには，人から人へと簡単に蔓延して病気を引き起こすウィルスという決定的な因果的病因があるということである。インフルエンザ用のワクチンは，このウィルスから身を守ってくれる。

それに対し，注意欠陥多動性障害や行為障害のさまざまな症状は，それぞれ相互に関連しあっているが，それらが真にひとつの症候群を構成しているかどうかは定かでない。また，注意欠陥多動性障害や行為障害には，不安や抑うつが併存（「同時に生じること」を表す精神医学用語）することが多く，診断基準の症候群が行動面では広くなりすぎるように思われるので，一段と複雑である。にもかかわらず，精神科医は，通例，診断（分類）を行ない，診断に相当するケースと診断に相当しないコントロールを比較することを好むことを知っておいたほうがよい。精神障害が多くの医学的疾病のように，特別な病因（原因）と高度に構造化された諸症状をもつ真の症候群であるかどうかは，議論のあるところである。本書ではこの議論を解決することはできない。ただし，診断されたケースを連続体の極値として扱うほうが，私自身の好みであることは認める。

成人期には，DSM-IV を用いて，反社会性人格障害の正式の診断をすることができる。この診断に当たっては，社会規範の侵害や犯罪行為（つまり，窃盗や，交通違反による逮捕）の前歴に大きな重みが置かれている。正式の診断ではないが，より興味深い，成人の分類に，人格障害のひとつである**精神病質**（psychopathy）がある。精神病質尺度には，一般母集団よりも犯罪者の集団においてより頻繁にみられる多くの人格特性が含まれている（Hare, 1985）。不安の欠如，自責や恥の欠如，自己中心性，過剰な自尊心，欺瞞，低い判断力，衝動性，経験からの学習の失敗，偽りの魅力と知性といった人格特性である。精神病質の人々を一般市民や平凡な犯罪者と異ならせている生物学的過程について，広範な研究が行なわれてきた。

第2章　犯罪性向の遺伝

　精神的な疾患をもつ人の大多数は犯罪者ではないが，主要な精神病であるうつ病と統合失調症は，犯罪，特に奇怪でまれなタイプの犯罪の一因となっているように思われる。次の Column 2.2 には，これらの精神障害と無差別殺人の関係を書いた。しかし，本書では，主要精神病を強調することはない。というのは，精神障害者の犯罪は新聞の見出しとなることは多いが，精神障害が犯罪行動の原因となっていることはまれだからである。しかしながら，精神障害から犯罪へという道筋があることは，犯罪者という集団が不均質であることを改めて強調する。Gottfredson and Hirsch（1990）が，「一般犯罪理論」において行なっているような，たったひとつの気質的側面（たとえば，低い自己統制）が犯罪の根底の原因であるという主張は，単純化のしすぎである。犯罪者がどのように生まれるのか，作られるのかに関する説明がたったひとつで済むのであれば便利だが，犯罪者には，実際は多くのタイプがある。もっとも一般的な精神医学的・気質的特性（たとえば，罪の意識の欠如，低い自己統制などの一般的な特性）を強調すると，犯罪行動の背景にある人格性向の異質性をお手軽に単純化しすぎてしまう。

　最後に，精神疾患の遺伝率についても多くの研究文献がある。実際，1960年代に実施された統合失調症の養子研究（Heston, 1966）は，第2次世界大戦後，行動遺伝学の分野に対し，もっとも影響力がある刺激を与えた研究のひとつである。1970年代には，主要精神病の原因に関する科学的見解は，母親の（父親が非難されることは決してなかった）不適切な養育スタイルから，遺伝継承を含む生体としての仕組みへと転換した。犯罪にもっとも関連している児童期の障害である，注意欠陥多動性障害や反抗挑戦性障害，行為障害に関する見方の転換も現在進行中である。イギリス，アメリカ，オーストラリアにおける大規模な双生児研究によって，注意欠陥多動性障害の遺伝継承が実証された（Eaves et al., 1997; Levy et al., 1997; Thapar, Hervas, and McGuffin, 1995）。一方，共有環境の影響はごく小さいように思われる。反抗挑戦性障害と行為障害も遺伝性である。しかしながら，多くの（ただし，すべてではない）行動遺伝学研究において，行為障害の診断は，共有された家庭環境にも影響を受けていた。この知見は，上記で要約した，非行に関する小規模な双生児研究とも呼応する。これらの双生児研究では共有環境の影響がとりわけ強く，たとえば，

> **Column 2.2　精神病と無差別殺人者**
>
> 　無差別殺人者は，多くの被害者に対して，一見したところ了解できない犯罪をはたらく。オレゴン州の少年，キップ・キンケルは，25人のクラスメートに傷を負わせて2人を殺害し，彼が暴力に魅了されていることを心配していた両親をも殺害した。精神鑑定によれば，キップには，幻聴（auditory hallucinations）という統合失調症の典型的症状があった。ある声が彼に悪口を言い，別の声が彼に殺すように命じたのだろう。彼の家系には精神病の者が多く，5人のいとこが精神疾患の診断を受けていた。妄想型統合失調症（paranoid schizophrenia）が，彼に，この了解できない暴力行為を行なうよう仕向けたのである（National Desk, 1999）。
>
> 　ニューヨークタイムズ（Fessenden, 2000）の記事のおかげで，私たちは100件の無差別襲撃に関与した102人の殺人者のプロファイルを手にした。彼らの襲撃によって425人が亡くなり，510人以上が怪我を負った。これらの殺人者は精神障害の症状を示し，ありふれた街頭犯罪者とは異なっていた。普通の犯罪者よりも教育水準は高かったが，働いている率は低かった。私は，精神疾患のために，学業能力に見合った職業上の成功を達成できなかったのだろうと解釈する。これらの無差別殺人者で警察に捕まらないように努力した者は誰1人としていなかった。
>
> 　102人の無差別殺人者のうち，48人は正式の精神科診断を受け，24人は処方された精神科薬を服用していたが，14人は犯罪を行なう直前に服薬をやめていた。特に，精神疾患を患っている家族のいる読者に対し，主要精神疾患を患っているほとんどの人は暴力的ではないということを強調しなければならない。とはいえ，精神疾患が，暴力のリスク，特にこのような極端で理解しにくい暴力のリスクを高める可能性はある。

二卵性双生児はお互いに，非行率において，一卵性双生児並みに似通っていた。このように，精神医学研究は，注意欠陥多動性障害や反抗挑戦性障害の子どもは，成長していく際，非犯罪者や，子どものときにこうした症状を示さなかった犯罪者とは遺伝的に異なっているという考えを支持している。

結論

　犯罪性向は，行動遺伝学者によって研究されているより複雑な特性のひとつである。犯罪性向の原因はさまざまである。精神疾患が原因の場合もあるが，一般には，児童期における精神障害の診断や成人期における精神病質の存在と関係するさまざまな気質特性や人格特性が原因である。広い範囲のエビデンスによって，犯罪性向が遺伝性のものであることが示唆されている。そういったエビデンスには，精神障害の研究，犯罪に関連する人格特性の研究，犯罪自体（裁判所や警察により記録された犯罪行為や自己申告による犯罪行為）の研究がある。一方で，犯罪は，環境からも影響を受けている。たとえば，双生児は犯罪の共犯になることはあるが，一緒にIQテストを受けたり，同時に就職面接を受けたりすることはまれである。第6章でさらに論じるように，犯罪性向の発生には遺伝と環境の影響の交互作用がかかわっている。

推薦文献

Plomin, R., J. C. DeFries, G. E. McClearn, and P. McCuffin. (2000). *Behavioral Genetics* (4th ed.). New York: Worth Publishers. この教科書は，初学者にとって行動遺伝学の分野への素晴らしい入門書である。

参照文献

Bohman, M., C. R. Cloninger, S. Sigvardsson, and A. L. von Knorring. (1982). Predisposition to Petty Criminality in Swedish Adoptees: I. Genetic and Environmental Heterogeneity. *Archives of General Psychiatry*, **39**, 1233-1241.

Bouchard, T. Jr., D. T. Lykken, M. McGue, N. L. Segal, and A. Tellegen. (1990). Sources of Human Psychological Differences: The Minnesota Study of Twins Reared Apart. *Science*, **250**, 223-228.

Cadoret, R. J., W. R. Yates, E. Troughton, G. Woodworth, and M. A. Stewart. (1995). Genetic-environmental Interaction in the Genesis of Aggressivity and Conduct Disorders. *Archives of General Psychiatry*, **52**, 916-924.

Cloninger, C. R., S. Sigvardsson, M. Bohman, and A. L. von Knorring. (1982). Predispositions to Petty Criminality in Swedish Adoptees: II. Cross-fostering Analysis of Gene-environment Interactions. *Archives of general Psychiatry*, **39**, 242-1247.

Corballis, M. C. (1997). The Genetics and Evolution of Handedness. *Psychological Review*, 104, 714-727.

DiLalla, L. F. and I. I. Gottesman. (1990). Heterogeneity of Causes for Delinquency and Criminality: Lifespan Perspectives. *Development and Psychopathology*, 1, 339-349.

Eaves, L. J., J. L. Silberg, J. M. Meyer, H. H. Maes, E. Simonoff, A. Pickles, M. Rutter, M. C. Neale, C. A. Reynolds, M. T. Erickson, A. C. Heath, R. Loeber, K. R. Truett, and J. K. Hewitt. (1997). Genetics and Developmental Psychopathology: 2. The Main Effects of Genes and Environment on Behavioral Problems in the Virginia Study of Adolescent Behavioral Development. *Journal of Child Psychology and Psychiatry*, 38, 965-980.

Faraone, S. V., M. T. Tsuang, and D. W. Tsuang. (1999). *Genetics of Mental Disorders: A Guide for Students, Clinicians, and Researchers*. New York: Guilford Press.

Fessenden, F. (2000, April 9). They Threaten, Seethe and Unhinge, Then Kill in Quantity. *New York Times*, 28-29.

Gold, M. (1970). *Delinquent Behavior in an American City*. Belmont, CA: Brooks-Cole.

Gottesman, I. I. (1991). *Schizophrenia Genesis: The Origins of Madness*. New York: W. H. Freeman.

Gottfredson, M. R. and T. Hirschi. (1990) . *A General Theory of Crime*. Stanford, CA: Stanford University Press. ［マイケル・R・ゴットフレッドソン，トラビス・ハーシー　松本忠久（訳）　犯罪の基礎理論　文憲堂（1996）］

Grove, W. M., E. D. Eckert, L. Heston, T. J. Bouchard, Jr., N. Segal, and D. T. Lykken. (1990). Heritability of Substance Abuse and Antisocial Behavior: A Study of Monozygotic Twins Reared Apart. *Biological Psychiatry*, 27, 1293-1304.

Hare, R. D. (1985). Comparison of Procedures for the Assessment of Psychopathy. *Journal of Consulting and Clinical Psychology*, 53, 7-16.

Harris, J. R. (1995). Where Is the Child's Environment ? A Group Socialization Theory of Development. *Psychological Review*, 102, 458-489.

Heston, L. L. (1966). Psychiatric Disorders in Foster Home Reeared Children of Schizophrenic Mothers. *British Journal of Psychiatry*, 112, 819-825.

Kanazawa, S. and M. C. Still. (2000). Why Men Commit Crimes (and Why They Desist). *Sociological Theory*, 18, 434-447.

Laland, K. N., J. Kumm, J. D. Van Horn, and M. W. Feldman. (1995). A Gene-culture Model of Human Handedness. *Behavior Genetics*, 25, 433-445.

Levy, F., D. A. Hay, M. McStephen, C. Wood, and I. Waldman. (1997). Attention-deficit Hyperactivity Disorder: A Category or a Continuum ? Genetic Analysis of a Large Scale Twin Study. *Journal of the American Academy of Child and Adolescent Psychiatry*, 36, 737-744.

Loeber, R., S. M. Green, B. B. Lahey, P. J. Frick, and K. McBurnett. (2000). Findings on Disruptive Behavior Disorders From the First Decade of the Developmental Trends Study. *Clinical Child and Family Psychology Review*, 3, 37-60.

Loeber, R. and D. Hay. (1997). Key Issues in the Development of Aggression and Violence From Childhood to Early Adulthood. *Annual Review of Psychology*, 48, 371-410.

Loehlin, J. C. (1992). *Genes and Environment in Personality Development.* Newbury Park, CA: Sage Publications.
___. (1993). Nature, Nurture, and Conservatism in the Australian Twin Study. *Behavior Genetics,* **23**, 287-290.
Loehlin, J. .C. and R. C. Nichols. (1976). *Heredity, Environment, and Personality.* Austin, TX: University of Texas Press.
Lombroso, G. and C. Lombroso. (1972). *Criminal Man, According to the Classification of Cesare Lombroso.* Montclair, NJ: Patterson Smith.
McCartney, K. and R. Rosenthal. (2000). Effect Size, Practival Importance, and Social Policy for Children. *Child Development,* **71**, 173-180.
Mednick, S. A. (2000). Personal Communication (October).
Mednick, S. A., W. F. Gabrielli, Jr., and H. Hutchings. (1984). Genetic Influences in Criminal Convictions: Evidence From an Adoption Cohort. *Science,* **224**, 891-894.
Miles, D. R. and G. Carey. (1997). Genetic and Environmental Architecture of Human Aggression. *Journal of Personality and Social Psychology,* **72**, 207-217.
Moffitt, T. E. (1993). Adolescence-limited and Life-course Persistent Antisocial Behavior: A Developmental Taxonomy. *Psychological Review,* **100**, 674-701.
Nagin, D. and R. E. Tremblay. (1999). Trajectories of Boys' Physical Aggression, Opposition, and Hyperactivity on the Path to Physically Violent and Nonviolent Juvenile Delinquency. *Child Development,* **70**, 1181-1196.
National Desk. (1999). Live in Fear, Oregon School Killer Is Told. 6 November 1999, A11.
Rowe, D. C. (1983). Biometrical Genetic Models of Self-reported Delinquent Behavior: A Twin Study. *Behavior Genetics,* **13**, 473-489.
___. (1994). *The Limits of Family Influence: Genes, Experience, and Behavior.* New York: Guilford Press.
Rowe, D. C., D. M. Almeida, and K. C. Jacobson. (1999). Genetic and School Context Influences on Aggression in Adolescence. *Psychological Science,* **10**, 277-280.
Segal, N. (1999). *Entwined Lives: Twins and What They Tell Us About Human Behavior.* New York: Patton.
Stryker, J. (1997). Twin Pique: Yin, Yang, and You. New York Times, 7 September 1997, 4E.
Stunkard, A. J., T. I. A. Sorensen, C. Hanis, T. W. Teasdale, R. Chakraborty, W. J. Schull, and F. Schulsinger. (1986). An Adoption Study of Human Obesity. *New England Journal of Medicine,* **314**, 193-198.
Thapar, A., A. Hervas, and P. McGuffin. (1995). Childhood Hyperactivity Scores Are Highly Heritable and Show Sibling Competition Effects: Twin Study Evidence. *Behavior Genetics,* **25**, 537-544.
Tremblay, R. E., E. Japel, D. Perusse, P. McDuff, M. Boivin, M. Zoccolillo, and J. Montplaisir. (1999). The Search for the Age of 'Onset' of Physical Aggression: Rousseau and Bandura Revisited. *Criminal Behavior and Mental Health,* **9**, 8-23.

第3章

犯罪を進化から見る

　女性殺人犯と男性殺人犯の比率は1人対9人である。また，1人の女性が血縁者以外の女性を1人殺害するのにつき，約30人の男性が血縁者以外の男性を1人殺害している（Daly and Wilson, 1988）。同性の知りあいや赤の他人を殺害する殺人者の性差は，性別におけるもっとも極端な行動上の差異である。

　犯罪学者は，時々，犯罪のための遺伝子が存在し，それがY染色体上にあると冗談を言う。1つのX染色体と1つのY染色体によって人は男性になり，2つのX染色体によって女性になる。Y染色体は男性性の運び手であり，男性性は，現在ではSRY遺伝子[*9]によって決定されることが知られている。ほんものの SRY遺伝子のほか，Y染色体上には，TV チャンネルをコロコロかえる「遺伝子」，話を聞かない「遺伝子」，路上につばを吐く「遺伝子」なども存在するとおふざけで考えられている。とはいえ，真剣に考えれば，犯罪率の性差，特に暴力犯罪の性差には科学的な説明が必要である。

　性差に関する説明のひとつは，男子と女子の社会化のされ方の違いに焦点を当てる。小さな男の子と女の子は，確かに違う行動をする。もっとも明確な性差は，おもちゃの選び方である。男の子はトラックやピストルで遊ぶのが好き

＊訳注9　SRY は Sex-determined Region Y の略

で，女の子は人形や台所セットで遊ぶのが好きである。子どもが性別にそぐわないおもちゃを選ぶと，両親は気が動転してしまうことがある。このような性差に関する理論のひとつは，より広範な文化の価値や態度を身につけている両親が，男の子と女の子に対して異なった接し方をすることによって，このような性差が生まれると考えている。

この文化的説明には問題がある。男の子は男の子用のおもちゃを，女の子は女の子用のおもちゃを生まれつき好きであるのかもしれず，私たちの物質主義的な社会はこうした子どもの欲求を満たすために時間外労働をしているだけかもしれない。男の子にも女の子にもよく売れるおもちゃ——バービー人形とG.I. ジョーのフィギュアの組み合わせ？——を作ることができれば，おもちゃ会社は，売り上げをただちに2倍にすることができるだろう。そのようなおもちゃを作ることには経済的誘因があるが，今までのところ，おもちゃ会社は，「男の子にも女の子にも魅力のある」おもちゃを完成させることには成功していない。女の子の中には，遺伝的なホルモン異常によって，男らしさのビッグT（テストステロン）の異型に，脳がさらされている子もいる。そういった女の子は，男の子向けのおもちゃで遊ぶのが好きなだけではなく，両親に対し男の子向けのおもちゃを買ってほしいとせがむ（Berenbaum and Hines, 1992; Berenbaum, 個人的コミュニケーション）。ということは，文化は，単に子どもの生まれつきの好みに対応しているだけなのかもしれない。

文化的説明は，ある種の循環論法に陥りかねない。私たちの世代が，性別によって異なるおもちゃが好きになるように子どもたちを社会化しているのだとしたら，なぜ，そもそも，そしていつの世代から，そのような社会化をしようと決めたのだろうか。このような社会化の仕方が4世代前に存在していたとしたら，それは，5世代前から始まったのだろうか。ヒンドゥー教の賢者はあるとき，何が地球を支えているのかと問われ，「カメだ」と答えた。質問者はあきらめずに質問した。「何がカメを支えているのか」。賢者は首を横に振り，「ずっと下までカメだ」と答えた。そうだとすると，性差の原因も，どこまでも「文化的なもの」なのだろうか。ある特定の仕方で社会化するよう文化を動機づけているもの，つまり何世代にもわたって若者に対するこのような社会化を維持し続けているものが何であるかを理解できない限り，性差は「文化的な

もの」であり続ける。

人間行動と進化に関するものの見方

　人間行動への進化論的な見方ははるか過去に遡り，ホモ・サピエンスだけが二足歩行で地球を歩き回る唯一のヒト属の種ではなかった有史以前にまで及んでいる。ヒト・ミトコンドリア DNA の分子時計に基づく人間の起源に関する理論によると，現代人は，アフリカに源を発した（Ingman et al., 2000）。その最初の人々は約10万年前にアフリカを発ち，まずアジアへと移動した。アジアへ移動した人々はおよそ4万年から6万年前にオーストラリアに到達し，比較的最近の2万年前に北アメリカに定住した。アフリカから移動した人類は約4万年前にヨーロッパに到着し，おそらくもうひとつのヒト属の種であるネアンデルタール人にとって代わった。この有史前の時代である更新世は，160万年前から1万年前にまで及んでいる。チンパンジーとの共通の祖先から人類へと分かれた後，氷河期を通じて，有史が始まる前までが更新世であるが，この更新世は，ホモ・サピエンスの脳と行動が進化的に形成された時代である。

　進化に基づく人間行動の理論はひとつだけではない。E. O. Wilson は，1975年に出版した幅広い統合的な著作において，社会生物学（biosociology）を初めて提案した。最初の26章は動物行動を扱っており，最後の章だけがどのように進化が人間の行動を形成しえたかを論じている。ただし，Wilson は，神経生物学と進化理論は社会学などの分野のために，「一連の不朽の根本原則」を生み出すであろう（Wilson, 1975: 575）と書いたために，多くの社会科学者を敵に回すことになった。社会生物学は子育てや気遣い，攻撃性，群れや1人を好むこと，利他的行為といった社会的行動の進化的ルーツに焦点を当てている。1992年には Tooby and Cosmides が，進化を人間行動に別の方法で応用してみせ，その分野を進化心理学（evolutionary psychology）と呼んだ。この分野は，目に見える行動よりも彼らがメンタル・モジュールと呼ぶ心の傾性を強調している（Crawford and Krebs, 1998）。これらの進化的アプローチには，細かい点では多少の違いはあるが，共通する大きな基本原則がある。その

原則は，進化理論家が行動をどう考えるのか，また，犯罪行動の起源に彼らの分析方法がどう応用しうるのかを理解するのに役立つ。

設計と適応

進化的アプローチの核となる前提は，脳は人間の進化過程における適応上の問題を解決する選択を1つひとつ行ないながら，ある特定の行為を選択するように適応してきたということである。そのような適応は，特定の環境的圧力に対して特定の解決行動によって対応するよう精巧に機能することから，一種の設計であると考えられる。たとえば，世界中の人間は，子どもをもうけるためには，まず，その相手を見つけなければならない。そこでの適応的問題のひとつは，異性の関心を惹きつけることである。

現代の若者たちはそれを，大迫力のステレオスピーカーを積んだ車をもつといった，更新世には絶対に存在しなかった方法で行なっている。一方で，異性を惹きつけているものには，生まれつきかつ普遍的なものもある。異性を誘っているときの女性の表情——笑う，眉を上げる，視線を投げる——は世界中で見ることができる。動物行動学者の Eibl-Eibesfeldt（1970）は，巧妙な装置を使ってこの事実を証明した。遠くを撮影しているように見せかけて，自分のそばに立っている人をカメラの横につけた隠しレンズで撮影したのである。一般的に言って，文化を超えて，表情の多くの特徴は普遍的であった（Ekman, 1994）。

身体や脳における複雑な設計を作り出す進化の力には瞠目させられる。進化のメカニズムを十分に論じるには，本が1冊必要である（さらに勉強したい方には Richard Dawkins（1987）の『盲目の時計職人（*The Blind Watchmaker*）』を手に取ることをお勧めする）。簡単に説明すると，進化は，二段階で作用する。第一段階では，DNAのランダムな遺伝的変異によって，多様な身体的・精神的特徴が作り出される。この変異による変化のほとんどは有害で，子どもは，子宮内あるいは生まれてすぐに死んでしまう。また，大人になったとしても集団内の他の個体と比べて残せる子孫が少ない。時折，変異が有利にはたらくこともある。その変異をもつ人は，他の人よりもよりよくより長く生きて，集団内の他者よりも多くの子どもをもつ。その結果として，この変異による変

化は広まる。この第二段階は，**淘汰**（selection）と呼ばれる。淘汰は，個体にとって有益な DNA の変化を保存し，有害なものを除去する。進化は，ランダム変異と淘汰という 2 つの段階を組み合わせているため，複雑で非常に起こりそうもない構造を，時間をかけてゆっくりと構築できる。

例として，ジョーが，オスカルの 25 セント硬貨を 20 枚，コイントスする状況を考えて見よう。ジョーは，表を出したら，その 25 セント硬貨をもらえる。ジョーが 20 枚の 25 セント硬貨すべてを手に入れる可能性はわずか .00000095 である。ここで，自然淘汰同様のルールがはたらくとしよう。コインの表が出ることは，好ましい遺伝子変化（genetic change）のようなものである。ジョーは，表が出たらそのコインをもらえ，裏が出たらそのコインを再度トスする。そんなに時間をかけずに，いずれジョーは 5 ドル（すべてのコイン）をポケットに入れているだろう。というのもコインの表が出るたびにコインが手に入るからである。このように，進化の過程では，起こりそうもないことが非常に起こりやすいものになる。

雌雄淘汰

ダーウィンの言葉である「生存競争（the struggle for existence）」は，ライオンと戦う男たちや，冬の猛吹雪に立ち向かう家族をイメージさせる。自然淘汰とは，多くの場合，自然の力に抗して生き延びる人々のことだと思われている。しかしながら，ダーウィンはずっと身近な選択圧（selective force）のことを考えていた。それは，交配し，子を成体になるまで育てる機会を得るための，種の中の競争である。ダーウィンは，オスのクジャクの虹色の尾羽が非実用的であることに気づいた。尾羽は運んで歩くには重いし，尾羽のせいでクジャクを手軽な食事だと考える捕食者から逃げるのも遅くなる。ではなぜ，けばけばしい尾羽を身につけるのか。「メスを口説く」。ただそれだけが理由である。首尾よく交配すれば，次世代へ遺伝子を残すことができるが，尾羽が貧相な「友人」は，交配して遺伝子を伝えることなく死んでしまう。

ダーウィンや現代の進化理論家が観察してきたように，性別によって子を生むときの役割が異なるため，雌雄淘汰は本質的に不平等なプロセスである。哺乳類では，メスが妊娠中胎児を身ごもり生後は母乳で子どもを育てる。多くの

哺乳類のオスにとって，次世代の始まりに貢献できることといえば，精液を提供することくらいしかない。子の保護や食料供与に対するオスの貢献が少ないほど，メスを得るための他のオスとの競争は激しくなる。逆に，メスにとっては子の世話への投資が大きくなるほど，オスを巡って他のメスとしのぎを削ってはいられない。雌雄淘汰理論による重要な予測のひとつに，いくつかの鳥の種のようにメスが自分の子どもに対してあまり世話や気遣いをしない場合には，雌雄競争の場面において，メスはオスの哺乳類のような行動をとるだろうという予測がある。この予測は支持されている（Alcock, 1997）。

雌雄淘汰の形態は，種によって大きく異なっている。雌雄淘汰のすべての形が，詩人 Tennyson の「自然の歯と爪は赤く染まっている」[*10] と一致するわけではない。プレーリー・ライチョウでは成鳥のオスがレック（鳥が性的な誇示を行なう場所）のあたりを歩き回って男らしさを誇示している間，メスは相手を選んでいる。ジリスの一種ではオスはメスからメスへとダッシュし，「上品に」順番を待って並んでいる。メスまでの列が長すぎると，空いているメスを見つけるために他の巣へと走る。ニューギニアのニワシドリのオスはメスを惹きつけるために，自分の家（地面に建てた大きな構造物）を人間が作った物も含め，輝く物で装飾する。

これらの性的競争の形態は非暴力的であるが，雌雄淘汰はより暴力的な，オス対オスの対決になることもある。最近の新聞で，1人の男性がオスの鹿に角で襲われたという報道があった。その男性は角にしがみついて，激怒した鹿をポケットナイフで何とか息の根を止めることができ，ひどい打撲を負っただけで済んだ。角が生えるのは，メス鹿に受精させる機会を得るためにお互いに暴力的になっている発情（交尾）期のオスだけである。発情（交尾）期のオス鹿が別の鹿ではなく人間を攻撃しようとした理由は分からないが，発情期にはオス鹿は防備が堅くなるだけではなく，気性も荒くなる。

要約すると，雌雄淘汰は，雌雄二形性（sexual dimorphisms）（身体的特性の性差とそうした身体上の差異を作動させる本能的衝動の性差）を生んだ進化的過程である。

---

*訳注10　Alfred Tennyson. In Memorium. の中の一文（nature red in tooth and claw）

血縁淘汰

　親族の集まりは，取りとめのない日々の生活の一部である。血縁者はお互いに思いやりや愛情を示し，親子間の愛着は人間の結びつきの中でもっとも強力なもののひとつである。血縁淘汰（kin selection）は，血の繋がった親族に対する愛情，好意，思いやりなどの利他的行動の進化を説明する。進化理論では，**利他的行動**（altruism）には，利他的行動をとる本人が，将来の繁殖的成功を犠牲にして，現時点で，血の繋がった親族のために何かをするという特別な意味がある。利他的行動のパラドックスは，数種の蟻のように働き蟻がコロニーの利益のために命を捧げるような，社会的昆虫においてもっともはっきりと見ることができる。

　血縁淘汰は，血縁者が遺伝的関連性係数に応じて対立遺伝子を共有しているために生じる。親の体内にある遺伝子がその子どもの体内にもある確率は50％であり，女の子どもの体内にある遺伝子がその男兄弟の体内にもある確率も50％である。すなわち，利他的行為がその恩恵を受ける血の繋がった親族の生殖上の成功を向上させるのなら，遺伝子は次の世代へと繁殖していることになる。親族が死亡することによる遺伝子の損失を相殺するためには，遺伝的関連性係数の逆数（たとえば，）以上の親族を救わなければならない。したがって，父親は2人以上の子どもを救えるなら，兄（弟）は2人以上のきょうだいを救えるなら，いとこは8人以上のいとこを救えるなら，自分の生命を捧げる意味がある。ただし，私は，燃えさかる家からたった1人の子どもを助け出すときに，父親や母親がそのような計算をしているとは思わない。大事なのは原理である。利他主義者がわずかなコストで血縁者に繁殖上の恩恵を与えうるような小さな利他的行為が，進化的には有利である。

生活史の特性

　進化理論は，生活史の特性（生存と繁殖の決定因となる特性）についても予測を行なっている。生活史の重要な特性としては，思春期のタイミングや出産年齢，出産間隔，少なく子どもを生んでその子どもたちの養育に多くの力を注ぐことにするかそれとも多く子どもを生んで1人ひとりにはあまり力をかけない入れないことにするかという判断がある。生物種によって，2つの極端に異

なる生活史がある。日和見主義の *r* 淘汰種（r-selected species）は，子どもが多く，繁殖が早く，ライフスパンが短い。人間などの *K* 淘汰種（K-selected species）は，妊娠期間が長く，成長が遅く，出産数は少なく間隔も長い。このように両者は，正反対の生活史特性をもつ。*r* 淘汰種は，同種（つまり，自分自身の種の他のメンバー）との競争がほとんどない，群生化した環境によく適応している。*r* の文字は，人口増加を予測する人口学の計算式に含まれる人口増加「率」（rate）の頭文字である。生態学的圧力にはさまざまなタイプがあり，*r* 淘汰的な生活史特性に向かって進化する種に有利にはたらくものもあれば，*K* 淘汰的な生活史特性に向かって進化する種に有利にはたらくものもある。たとえば，繁殖の早い生物のほうが，食糧供給が不十分な状況から豊富な状況への急激な変化にもっとも上手く対応できるため，変化の激しい環境は，*r* タイプの特徴をもつ生物に有利にはたらく。

雌雄淘汰と犯罪における性差

　本章は，犯罪における性差の大きさという難問から始まった。ほとんどすべてのタイプの犯罪，特に強盗や殺人といった，より重大な犯罪を行なう率は，男性のほうが，女性より高い。この知見がアメリカ合衆国においてのみ正しいのであれば，アメリカ文化に特有の何が男性を暴力的にさせているかだけを説明すればよい。しかし，男性の犯罪率の高さはすべての文化における，また（アマゾンの女性の物語はあるものの）歴史を通じた現象である。

　これを雌雄淘汰は，男性の身体や脳は，他者に脅しや暴力をたくさん用いるように適応してきたからであると説明する。平均すると，男性は女性よりも背が高く力が強い。男性と女性をランダムにペアにすると，10人中9人の男は相手の女性よりも背が高い。男性の上半身の強さは，体格差を補正しても女性の約2倍である。進化論者にとって，これらの身体特性の差は，男性が女性を得ようとして競争してきた過去の雌雄淘汰の証拠であり，その逆の，女性が男性を得ようとして競争してきた雌雄淘汰の証拠ではない。こうした周知の男女間の身体的な差異は，犯罪に関するすべての社会学的理論から無視されている

が，性差を進化的に説明するときには，その中心にある。

　身体的特徴や行動におけるこうした差異を説明するためには，更新世において，攻撃的戦略を用いていた男性のほうが，非攻撃的な男性よりも，生殖上より大きな成功を収めていた（つまりより多数の子どもを残した）と想定しなければならない。この場合，進化は男性においてリスク・テイキングと攻撃性を促進する遺伝子に有利にはたらいたということになる（生殖上のわずかな有利さが，世代を積み重ねることによって，いかに男性の攻撃性を強化するかということの詳細は，Column 3.1 を参照）。ライバルを阻止し女性をコントロールするために攻撃を利用するのは，更新世で終わったわけではない。Bill Moyers のテレビ特集では，スラム地区の少年が自らの暴力について聞かれ，自分の彼女に手を出してきた男がいたので，釘を板に打ちつけて，この板で殴ったと答えていた。

　この野蛮な行動を大目に見るわけではないが，非行少年はダーウィン主義者の観点からは「不適応」ではないといえる。実際，非行発達に関するケンブリッジ研究（Cambridge Study in Delinquent Development）では，有罪歴のある親から生まれた子どもの数はそれ以外の親から生まれた数よりも多かった（3.91 人対 3.12 人，p 値 = .0001; Lynn 1995）。アメリカ合衆国のスラム街では，子どものいる男たちが若いころ非行少年であった確率は，子どものいない男たちの 2 倍以上であった（Stouthamer-Loeber and Wei, 1998）。

　私たちは，この優位性が，何千年も遡るあらゆる世代で存在してきたかどうかは知らない。しかし，明らかな男女差である雌雄二形性を生み出すほど，何世代も存在してきたわけである。非行や犯罪を行なう者の生殖上の成功と，主要な精神疾患の診断を受けた人間の生殖上の失敗がきわめて対照的であることは注目に値する。たとえば，統合失調症の男女は，平均すると，精神疾病をもたない人よりも，結婚し子どもをもつ傾向がずっと低い（Gottesman, 1991, 196）。とすると，統合失調症の誘発遺伝子は，何世代も経つと人々の間から消え去ることが予想される。しかし実際には消え去らないのは，科学における大きな謎である。

　暴力的傾向のある男性に焦点を当てているからといって，女性が互いに競争を避けているという意味ではない。攻撃性研究は，攻撃性のひとつの形態とし

て，女性による中傷や陰口を考察してきた。男性が，直接的な身体的攻撃を用いて恋敵を意気阻喪させるように，女性は，中傷や陰口といったコミュニケーションを用いてパートナーを争う恋敵の評判や立場に傷をつけることができる。したがって，こうした女性の行動をひとつの攻撃の形態として特徴づけることはおそらく正しい。しかし，こうした行動は，女性は，恋敵との競争において死亡や負傷を引き起こす攻撃形態を用いる傾向が小さいという進化理論の主張の例証ともなっている。

　雌雄淘汰理論によると，男性は性的競争状況において，女性よりも暴力の利用を厭わないとされる。また，女性をめぐって争っている男性間の犯罪や，好きな女性をものにする機会を間接的に減らす可能性があるような地位損失の恐れから男性が引き起こした暴力行為から生じた犯罪には，この性的競争状況というカテゴリーに直接該当する犯罪がある。私が1980年代にオクラホマ州立大学で教鞭を取っていたとき，1人のフットボール選手が，ロッカールームで別の選手を撃った。報道によると，撃った男はランニングバックで，以前，友人の前で，被害者となる巨体のラインマンから恥をかかされたことがあった。犯人が小さな拳銃を手にして戻ってきたとき，その巨体のラインマンは撃ってみろよとバカにし，結局，撃たれてしまった。銃弾は大きなフットボール選手の体を貫通したが，幸運にも重傷を負わせることはなかった。両者の知人は口論が激化して制御できなくなっていったのを目撃したわけだが，進化的観点から言えば，評判を保持することは，恐ろしい暴力行為に伴うリスクを冒すのに値する。

　強盗などのその他の犯罪は，性的競争と直接的に関連しているようには思われない。強盗の際の暴力は，故意ではない（たとえば，被害者が所有物を取られないよう諦めずに抵抗したため，強盗が被害者を刺したり撃ったりした）場合もある。これらの犯罪を進化的優位性と結びつけるひとつの考え方は，そういった犯罪のほうが，実直に仕事をするよりも手っ取り早く女性を惹きつけるために必要なモノを集められるというものである。もちろん，この論理には，女性が犯罪者に性的に惹きつけられるという前提がある。確かに，ハリウッド映画はこの前提をお決まりのテーマにしているが，主演女優を手中に収める，スクリーン上の犯罪者は，見かけは荒っぽくても根はよい男で，ほとんどの男

第 3 章　犯罪を進化から見る

Column 3.1　男性の攻撃性は，世代を経てどれだけ強くなるか

　出生時に，男性人口の 30％が攻撃的であり 70％が攻撃的ではないとする。この単純化した例では，攻撃的な男は攻撃的になる傾向を高める優性遺伝子（dominant gene）を保有しているとしよう。その遺伝子がその後の世代にも受け継がれていくかどうかは，30％の攻撃的な男性と 70％の非攻撃的な男性のうち，生存を続けられる平均人数に依存する。攻撃的な男性の 5％が生殖年齢に達する前に死ぬとすると，生殖年齢の男性の人口のうち，26％は攻撃的で［.26＝.25/（.25＋.70）］，74％［.70/（.25＋.70）］は非攻撃的であることになる。攻撃的な男性が早く死亡することで，非攻撃的な男性にさらに有利な人口構成に傾く。しかし，生き残った攻撃的な男性が 1 人当たり 9 人の子どもをもうけ，攻撃的でない男性が平均して 3 人しか子どもをもうけないとしよう。攻撃的な男性は，何人かの交際相手をもつことで，生殖上のより大きな成功を達成することができる。人類学の記録によると，合法的な婚姻形態としての一夫多妻の文化（1 人の男性が複数の妻をもつ文化）は，一夫一婦の婚姻形態しか認めていない文化よりも，数がずっと多い。そのような文化では，子どもの数の平均は，攻撃的な男性 1 人当たりのほうが，非攻撃的なライバル 1 人当たりよりも多い。

（1）攻撃的な男 1 人当たりの子どもの数　　＝ .26 × 9 ＝ 2.34
（2）攻撃的でない男 1 人当たりの子どもの数 ＝ .74 × 3 ＝ 2.22

　このシミュレーションにおける数字から，2 つの結論が導き出せる。第 1 は，1 組のカップル当たり 2 人以上の子どもが生まれるため，人口増加の可能性があるということ。第 2 に，攻撃的な男性から生まれる子どもの数 2.34 人は，非攻撃的な男性から生まれる子どもの数 2.22 人よりも多いため，攻撃性向の遺伝子がより多くなるだろうということである。1 世代ではこの効果は小さいように思えるが（1 世代あたり .12 人），何世代も重ねると，遺伝子の頻度に対する蓄積的な効果は大きい。それにもかかわらず，攻撃的な男性ばかりが増加するとは思われない。というのは，男性間の攻撃行動は多大な社会的なコストを伴うからである。**頻度依存淘汰**（frequency dependent selection）と呼ばれる自然淘汰のひとつの形態であるこの過程は，いずれかの時点でおそらく安定する。
　重要な点は，リスクのある危険な戦略が生殖上の大きな見返りを与えるとき，雌雄淘汰が，その戦略に有利にはたらくということである。そしてこのことは，女性よりも男性に妥当する。なぜなら，男性は 1 人であっても複数

> の妻をもつことで生殖上の成功を高めることができるが，女性は複数の夫を
> もっても同様の生殖上の増加を達成することはできないからである。

性よりもハンサムであるのが常である。しかし，物を盗んで人を脅すような男性は地域社会から排斥されてしまうおそれがあるので，そのような男性に魅了されることは，女性にとってどのような進化的優位性があるのかと，進化理論家に代わって問う必要がある。

　Gangestad and Simpson (1990) は，**セクシーな息子仮説**（sexy son hypothesis）という，この問いに対するひとつの可能性のある答えを提示している。この仮説によると，女性は，夫としての稼ぎは少ないが，（スポーツのスター選手同様，犯罪者ももつことのできる特性である）ハンサムで筋肉質で社会的に力がある男性に性的に惹きつけられる。必ずしも意識しているわけではないが，女性が欲しているのは，こうした男性が提供できる良質な遺伝子である。なぜなら，自分の息子は父親からの遺伝子を半分もつので，おそらく父親のように，女性を惹きつけて，生殖上の成功を収める，より多くの機会をもつからである。同様の「メンタル・モジュール」を用いて，なぜ，女性の追っかけが，ロックスターやスポーツのスター選手だけでなく，（「権力はもっとも効果的な媚薬である」というフレーズのように）有名な政治家をも取り囲むかを説明することができる。以上，雌雄淘汰によって，男性のほうが女性よりも身体的攻撃性が高く，リスク選好であるといった，犯罪者と冒険家に共通する特徴をもっている理由を大まかに説明することができる。また，このような進化的な説明には，男女両性からの視点が必要である。雌雄淘汰の理論は，ここでの短い紹介によって全容を描けるほど単純でも確定的でもない。

生活史，性的選択，年齢 - 犯罪曲線

　人々は，男性がもつ潜在的な危険性が年齢によって変わることを直観的に認識している。大人は，年長の男性のゴルフのパーティーよりも，10 代の 3，

4人の少年グループから距離をとりがちである。だが，犯罪への強い衝動が年齢とともに完全に消散するわけではない。私は以前，たくさんのタトゥーをした年配のオートバイ乗りたちを，怖いと思わずに見て楽しんでいた。彼らの1人が突然タバコを取り出し，いくつかの広告用の風船を故意に爆発させた。かつての反社会的な勢いは少し残っていた。

犯罪学者から大変な注目を集めた論文において，Gottfredson and Hirschi (1983) は，年齢と犯罪の間には不変的な関係があると主張した。彼らが行なった，世界中のデータの要約によると，多くの時代や社会において，財産犯および暴力犯罪は10代後半でピークとなる。そのピークの前に，犯罪率が加速度的に上昇する。つまり，10歳から17歳くらいの年齢で，犯罪をはたらく若者の比率が増加する。ピークが過ぎると，20代前半で犯罪率は急速に低下する。つまり，人は，この年齢で犯罪行動をやめつつあるようである。犯罪率は，一部の人々が1年当たり多数の犯罪を行なうことによって増加しうる。しかし，犯罪率の増加の大半は，犯罪をしたことがない若者が犯罪者となることによって起きているように思われる。犯罪者といっても，自分の時間の大半を犯罪に費やしているわけではない（たとえば，テレビを見る，食事をする，睡眠をとる，食料品の買物をするなど，私たち誰もがすることをしている）から，個々人の犯罪率はそれほど変化しない。なお，あらゆる罪種の犯罪が，年齢‐犯罪曲線（age-crime curve）に従うわけではない（Steffensmeier et al., 1989）。たとえば賭博行為は，青年期よりも後になってピークに達する。賭博はこの点で薬物濫用とも幾分似ている。こうした例外はあるものの，年齢‐犯罪曲線は，なぜそうであるかという説明が必要となるほど頑健である。

犯罪の適応戦略理論（adaptive strategy theory of crime）(Rowe, 1996) において，私は交配努力（mating effort）と養育努力（parenting effort）の生活史という観点から，年齢‐犯罪理論の説明を試みた。交配努力とは，連れ合いを探しその連れ合いをライバルから守るために費やす時間や労力のことをいう。養育努力とは，妊娠および授乳を含む子育てや，捕食者（人類にとっては通常，大型哺乳動物ではなく微生物）からの防御，大人として生き抜くのに必要な技術や知識の伝達に投じられるケアのことをいう。

男性にとっての交配努力には，雌雄淘汰の節で記したように，女性にアプロ

ーチするための競争も含まれる。思春期になるとセックスに関心をもち生殖が可能となるが、若い男子の大半には性的関係をもつ相手がおらず子どもがいないため、交配努力が明らかな優先事項となる。交配努力は最優先事項だが、中程度のリスク（女の子からデートの誘いを断られる）から重大なリスク（女の子といちゃついていて、その子のボーイフレンドから暴力を受ける）までの付帯リスクがある。10代の少年は、自身の名声を素早く確立し、サーフボードから車高の低い車まで何であれ異性を惹きつけるモノを手に入れる必要がある。

　しかし、恋愛の相手や配偶者を得るのに成功すると、若者の費用と利益は変化する。連れ合いがいれば、もはや他の年少・年長の男たちと交配機会のために競争しなくてもよい。子どもが生まれれば、彼の選択はより明確なものとなり、養育努力を高めて自分の子どもが確実に生き延びて繁栄するのを助ける（アメリカの都市の、蔑んだ目で見られているスラム地域においてさえ、多くの若い男たちが、非嫡出子に対して何らかの経済的支援や心遣いを提供している）。逆に、子どもが生まれても交配努力を続ければ、自分の子どもの健康や心理的成長を脅かすさまざまなリスクにさらされる。たとえば、ビリーが友達と地元のバーで夜な夜な過ごせば、ケンカに巻き込まれることもあれば妻の嫉妬を招くこともある。バーに行かずに、妻と1歳になる息子と家にいることもできる。長期的に見れば、通常は、子どもの身体的・心理的健康のためには後者の選択のほうがよい。

　Kanazawa and Still (2000) は、私と同様に進化的原理を用いて年齢‐犯罪曲線に関する理論を発展させ、交配努力競争の費用と利益が年齢とともに変化することを表す3つの曲線を提案した。図3.1 (a) は、交配努力競争による利益を表す。思春期まではほとんどゼロで、男性が成熟し生殖が可能になると急速に上昇する。再生産能力はライフコースの長きに渡ってあまり減少しないので、利益曲線は高いままである。図3.1 (b) は、交配努力競争の費用を表す。男性が年をとるにつれ上昇するが、特に第1子誕生の後、劇的に上昇する。Kanazawa and Still が書いているように、この時点では「…男性のエネルギーと資源は、生まれた子どもを守り、その子どもに投資することで、有効利用される」(Kanazawa and Still, 2000: 442)。言い換えると、男性は交配努力から養育努力へと切り替えることが多く、とりわけ、同時に2人以上の女性と結

第 3 章　犯罪を進化から見る

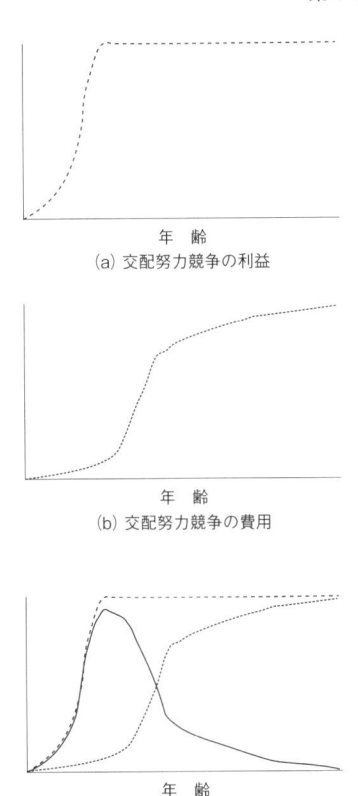

図 3.1　交配努力競争の利益と費用，および年齢 - 犯罪曲線
出典：Reprinted from Kanazawa, and Still, 2000. Copyright © American Sociological Association. Reprinted by permission.

(a) 交配努力競争の利益
(b) 交配努力競争の費用
(c) 交配努力競争の傾向 ＝利益－費用

婚することが法的に認められていない社会においてはそうする。利益から費用を引くと，図 3.1 (c) の実線が示すように，年齢 - 犯罪曲線とまったく同一の形をした競争曲線になる。交配努力競争による利益が費用に比較してもっとも大きくなるときに，犯罪はピークに達する。費用が大きくなると，犯罪率は減少する。Kanazawa and Still (2000) が引用した研究によると，結婚は男性のテストステロン量を減少させうるので，このことは，結婚後の交配努力が減少するひとつの生物学的根拠かもしれない。これらの費用 - 利益計算はいずれも意識レベルで行なわれる必要はなく，むしろ状況に対する深い進化的ルーツ

に根ざした感情的な反応から生じる。ぶらつくのは若い男だし，出かけたがらないのはお父さんなのである。

血縁淘汰と犯罪

　親族に対して感じる利他的で情のこもった気持ちは，近親者に対する犯罪を抑制するに違いない。家族内でも口論やきょうだい間の競争意識はあるが，親族に対する本当に重大な犯罪は，非親族に対するそれよりもずっと少ないに違いない。親族に対する暴力の比率は，機会の量に基づいて判断しなればならない。人は，親族のそばで過ごす時間が多いため，親族に暴力を振るう機会はずっと多い。それでも，兄弟や姉妹，あるいは両親に対する暴力行為はまれである。そのような暴力が起きる場合には，犯人が精神的な問題を抱えていることが多い（第2章のClumn 2.2「精神病と無差別殺人者」を参照）。

　Daly and Wilson（1988, 1989）は，近親者に対する利他的行為に関する理論を検証するに当たり，ひとつの犯罪タイプが役立つことを発見した。すなわち，子どもの虐待（child abuse）である。おとぎ話に繰り返し出てくるテーマは，意地悪な継母である。ヘンゼルとグレーテルは，虐待をする継母から逃れるため，森へ逃げなければならなくなった。美しいシンデレラは，意地悪な継母によってつらい仕事をさせられ美貌を隠さなければならなかった。そしてもちろん，白雪姫を殺そうとした悪い女王も継母である。民話ではなく統計的エビデンスを求め，Daly and Wilsonは，継親（stepparents）と実の親（biological parents）による子どもの死亡に至る虐待の比率を調べた。継親は家族に後から加わるので，継子とは遺伝的関係性を共有していない。継親による幼い継子の虐待が死に至る確率は，実の親による実子に対する虐待の40〜100倍であった。つまり，子どもたちは，生物学的に関係している親族よりも，生物学的に無関係な親族から危害を加えられるリスクのほうが高かった。継親による，致死的な虐待に関する統計を知ると気が重くなるが，ほとんどの継子が継親を恐れなければならないという解釈をしてはならない。子どもへの重大な虐待はまれな現象であり，ほとんどの継子は虐待されておらず，ほとんどの継親

は素晴らしい親になる。

　親族の利他的行動は，共犯という，もうひとつの方法で犯罪に影響を与えている（Daly and Wilson, 1988; Reiss and Farrington, 1991）。ほとんどの犯罪行為は，小人数のグループによって行なわれている。組織犯罪は，きょうだい，おじ，おいなどによる家族が基盤である。犯罪で食べている家族は，自分たちの稼業に，外部の者を入れるときでさえ，家族の言葉を用いる――犯罪組織は新メンバーにとって家族となるのだから，血に基づいた忠義の誓約が求められる。組織犯罪者ではない一般犯罪者の間では，きょうだい同士の共犯もよくみられる。Reiss and Farrington は，イングランドで行なわれた犯罪の縦断的研究である一般母集団に基づくケンブリッジ非行発達研究（Cambridge Study in Delinquent Development）において，共犯関係を調査した。犯罪記録によると，10歳から32歳にかけて犯罪のおよそ半分は単独犯，残り半分が共犯で，年齢が高くなるほど単独犯が増加する。共犯者としてもっとも多かったのは，本人と年齢が近い，親族ではない男性だったが，兄弟との共犯もかなり多かった。本人と年齢で2歳まで離れていない兄弟の17％が共犯をはたらいていた。兄弟は遺伝子を共有しているため，無作為に組み合わされた男子少年や成人男性の2人組よりも犯罪に向かう生物学的性向を共有する傾向にある。反社会的行動には通常何らかのリスクが伴うが，きょうだいは親族であることから相互に利他的であるため，反社会的行動を行なう際には助け合う傾向がある。Reiss and Farrington は，共犯者を選ぶに当たり，「兄弟を偏重するという選択バイアスがはたらいている」（Reiss and Farrington, 1991: 387）と結論づけている。

個人差と進化

　性差と親族選好の進化理論は，すべての人間が，あるいは少なくともひとつの性に属するすべての人間がどうして似通っているのかを説明するのにもっとも適している。つまり，人間行動の進化理論は，行動の個人差を説明する行動遺伝学とは，同じではない。すなわち，適応は，すべての人間が共有している

遺伝子から生じるが，行動遺伝学では，このような遺伝的効果を無視している。たとえば，ほとんどすべての人間には4本の指と1本の親指がある。つまり，4本の指のついた手とそれと向き合う親指を作り出している遺伝子は，人間集団において「固定的（fixed）」である。**固定的**であるとは，すべての人間が関連遺伝子の2つのコピーをもち，そのコピーがすべての人において同じであることを意味している（この例の趣旨を損なわない程度のわずかな例外もおそらくある）。同様に，男性の性ホルモンへの反応と生成を調整する遺伝子のような，男性をより攻撃的にする遺伝子はすべての男性において固定的でありうる。そのような遺伝子およびその効果は，女性より男性の攻撃性のほうが高いことは説明するが，どうしてある男性が別の男性よりも攻撃性が高いかは説明しない。

だが，犯罪行動には，著しい個人差がみられる。犯罪学においてしばしば引用される統計に，男性の約5％が，行なわれた全犯罪の50％以上を引き起こしているというものがある。正確な数字はさておき，あらゆる研究が，少数の人々が大多数の犯罪（特に，重大犯罪）を行なっていることを見いだしている。犯罪についての自己申告データでは，非行行為を1件も報告しない人がほとんどである一方，たくさんの行為を報告する人もいる。進化の視座から，この非常に大きな個人差はどのように説明できるだろうか。

2つの説明の道筋が考えられる。第1の説明は，**条件つき適応**（conditional adaptation）である。条件つき適応とは，異なる刺激に対して違った反応を返すように進化が設計した，脳のメカニズムである。暑さと寒さに対する身体の反応を考えてみて欲しい。暑いと発汗して体を冷やし，寒いと震えて体を温める。これらの反応は，極端な気温から身体を守るために設計された適応メカニズムである。汗をかいている人を見ても，その人が，震えている人とは違う遺伝子をもっているとは結論しないだろう。そうではなく，環境的誘因（気温）が寒い（低い）のか暑い（高い）のかを推測するだろう。

行動における例としては，性的な嫉妬（sexual jealousy）がある（Buss, 1995, 2000）。人には，性的なパートナーが浮気をしているところを発見すると，嫉妬を感じるという適応反応がある。つまり，ほとんどの人間は，配偶者や恋人の浮気を発見すると，嫉妬の「メンタル・モジュール」が発動する。そのよ

うな誘因がなければ，嫉妬を感じることはない。

　個人差の第2の説明は，**代替的適応**（alternative adaptation）である。代替的適応においては，異なる特徴を示す人たちは，遺伝子が異なる。乳糖不耐症（lactose intolerance）の遺伝的特徴を考えてみよう。乳糖はミルクの中にある糖類であり，酵素ラクターゼによって消化されないと病気を引き起こす。およそ9千年前，ラクターゼ遺伝子の変化（突然変異）がヨーロッパで起きたことで，大人たちはミルク中の乳糖を消化できるようになった。この遺伝子は，牛を飼い生乳を飲んでいたヨーロッパ人の集団にとって有益であり，世代を経てより一般的になった。このように，ラクターゼ遺伝子の変化には適応上の価値があるので，乳糖耐性をもつ人々と乳糖不耐性の人々の遺伝子型は，現在異なっている（Hollox et al., 2001）。余談だが，乳糖耐性はアフリカ人やアジア人のたちには珍しいため，乳製品を基礎食品群（essential food group）と考えるべきかどうかが科学的議論になっている。なお，乳糖不耐性は，ラクターゼの効果を模倣した乳製品の消化を助ける薬で治療することができる。

　理論的に言えば，代替的適応には，遺伝的変異（genetic variation）が適応型（つまり，生殖上の成功にとって有利）である必要がある。人間の行動特性において代替的適応の決定的な例がないのは，遺伝的変異性（genetic variability）が生物学的な意味で適応的であることを証明するのがきわめて難しいためである。遺伝的変異からは――たとえば，弱有害突然変異（mildly deleterious mutations）が蓄積した結果，非適応的特徴が遺伝性となることで――適応的でない特性も生じる。遺伝的変異の源が何であれ，代替的適応における遺伝性の特徴は，行動反応において条件つき適応とは異なるメカニズムをもつ。代替的適応では人によって遺伝子に差があるが，条件つき適応では遺伝子に差はなく環境的誘引に対する反応に違いがある。

犯罪性向における生物学的差異の進化理論

　犯罪を説明するのに用いることのできる条件つき適応理論は，Belsky, Steinberg, and Draper（1991a）や Draper and Harpending（1982）が発展させてきた。この理論は，子どもの早期経験を非常に重視している。条件つき適応理論によれば，幼児や幼稚園児は，将来の環境が安定的かつ安全か，それと

も不安定かつ安全でないかを示す,家族からのサインや兆候に注目している。そういうサインには,(Draper and Harpending が強調している)父親の不在や,(Belsky, Steinberg, and Draper が強調している)一貫性を欠いた厳しい子育ての仕方がある。乳幼児期には,こういったサインが子どもと母親との愛着の程度に影響を与える。将来の環境が安全でないと感じとった子どもは,母親との愛着が不安定となる一方,将来をもっとポジティブであると感じとった子どもは,母親との愛着が安定したものとなる傾向がある。

　これらの異なるグループに属する乳幼児は,異なる生活史を送る傾向がある。条件つき適応理論では,愛着が不安定な乳幼児は愛着が安定している乳幼児よりも早く,児童期後期ないし10代前半に思春期成熟に達するという大胆な予測を提出している。また,条件つき適応理論は,愛着が不安定な乳幼児のほうが,成長につれてより多くの「犯罪者的」特徴をもつという予測も提出している。男子では,攻撃性が高い,異性との関係が多い,女子では,抑うつ的である,異性との関係が多い,社会規範よりも若くして子どもを生むといった特徴である。愛着が安定している乳幼児は,青年期になると,逆の特性を示すと考えられている。つまり,出産が遅い,攻撃的行動が少ない,抑うつの症候が少ない,恋人や配偶者に性的に忠誠をもつといった特徴である。この理論が条件つき適応の概念を用いているのは,この2つの生活史が出生後からおよそ5歳までの家族生活によって条件づけられていると考えるからである。そのような早い段階での経験が,子どもをいずれかのライフコースへと配置していると考えられている。しかし,2つのグループの子どもたちには遺伝的な違いはない。もしあったとしても,遺伝的な違いの影響は,早期経験の影響に比べたら小さい。

　私は,この理論について懐疑的である。そもそも,私は,早期経験を成人の特徴の原因とする理論については,精神分析の始祖である Sigmund Freud (1917) が提示したものであれ,幼児の情緒的愛着の研究に大きく貢献した Mary Ainsworth (1979) が提示したものであれ,どんな理論であっても懐疑的である。懐疑的な理由のひとつは,乳幼児期からおよそ9年後の青年期までの間,行動はとりわけ安定しているわけではないことである。愛着が安定している乳幼児の予後がよくないこともあれば,愛着が不安定な乳幼児の予後がよ

いこともある。また，これらの結果は，たとえば，うつ病の親から愛着が不安定で抑うつ的となる遺伝的リスクをもった子どもが生まれるといった，遺伝的特性による結果である可能性がある。さらに，更新世の時代でさえ，子どもを取り巻く環境の変化のペースは，出生と青年期を隔てる10年間のサイクルより早かったように思われる。飢えや内紛は，希望に満ちた未来をはるかに悲惨な未来へと変えてしまう。過去が未来への指針にならないとき，家族環境によるサインは信頼性が低い。興味をもたれた読者は，このタイプの理論に対する私（Rowe, 2000）やMaccoby（1991）による批判と，Maccobyに対するBelsky, Steinberg, and Draper（1991b）による反論をチェックしていただきたい。

　条件つき適応理論に立つもうひとつのアプローチは，Cohen and Machalek（1988）によるものである。この理論における環境的サインは，資源の欠乏（resource shortage）である。資源の欠乏とは，異性を手に入れるのに必要な金銭やモノがないことで，金銭やモノの欠乏は，**資源保持可能性**（resource holding potential）を欠いていることの条件つきサインである。この理論によると，こうした条件におかれると，ほとんどの男性は，盗んだり騙し取ったりして自分が必要とするものを獲得し，より大きな生産経済に効果的に寄生する。だが，この理論は，どうして貧しい環境で育った人の大半が手っ取り早い手段としての犯罪行為に走らないのかという問いにはほとんど答えていない。また，この理論は，大半の犯罪行為には金銭的な見返りがほとんどないことを軽視しており，進化を土台としたほとんどの理論と異なり，性差を文化的に形成されたものと考えている。興味をもたれた読者は，Cohen and Machalek（1988）を読めば，この理論についてさらに情報が得られる。

代替戦略理論
　もうひとつの可能性は，犯罪行動の背後にある進化力（evolutionary force）が，代替的な戦略（alternative strategy）である可能性である。つまり，規範遵守を好む遺伝子と犯罪性を好む遺伝子が，人々においてある種のバランスで保たれているということが考えられる。遺伝学者は，この種の淘汰プロセスを**頻度依存淘汰**（frequency dependent selection）と呼んでいる。頻度依存淘

汰のもとで，遺伝性の行動パターンは，その行動が一般的である場合よりもまれである場合のほうが，適応に有効である。その行動パターンが一般的になると，もうひとつの代替的行動パターンが獲得する適応度の値のほうが大きくなる。その結果，2つのパターンとも集団内で存続することになり，どちらか一方がもう一方を消滅させてしまうことはない。

　代替的適応理論のうちのいくつかは，集団内で雌雄淘汰された代替戦略を維持する力としての，性的競争に焦点を当てている。犯罪について明確に論じているわけではないが，進化生物学の人気を高めた，才能あふれる Richard Dawkins（1976）は，4つの行動戦略が集団内で永久的に保持されるコンピュータモデルを構築した。2つの戦略は，恋人に対する貞節さ（loyalty）と一途さ（commitment）を用いる。**遠慮がちな**（coy）女性は，セックスをするまでのつき合いにこだわり，よい母親であり妻である。**誠実な**（faithful）男性も，同じ特性をもつ。集団がこの2種類の人間だけで構成されている限り，ほとんどの子どもたちは両親のいる安定した家で育つことになる。しかし，実際には，集団は不安定で，**手の早い**（fast）女性の参入を認める。手の早い女性は，セックスのまでのつき合いにこだわらないため，つき合いにこだわる遠慮がちな女性から，誠実で稼ぎのよい夫を横取りすることができる。数世代後に，手の早い女性が多くなると，稼ぎがなく子どもを見捨てさえする，**女たらし**（philanderer）という別のタイプの男の参入を招く。女たらしの男はセックスをするまでのつき合いが嫌いであり，そのため，遠慮がちな女性にとっては魅力的ではないが，手の早い女性にとっては魅力的である。そうなると，手の早い女性の中には，結局シングルマザーとなって，夫のいない子育てという嫌な仕事を抱えることになる者が出る。少なくとも Dawkins のコンピュータモデルの中では，この4種類の組み合わせが，集団内で永久に継続している。

　犯罪の代替戦略理論の多くが，この女たらし，あるいは**下劣な**（cad）男性という着想を利用している（Mealey, 1995; Rowe, 1996; Rowe, Vazsonyi, and Figueredo, 1997）。Mealey は，イカサマと犯罪にあふれた人生を送るように遺伝的に傾向づけられている男性を**1次サイコパス**（primary psychopath）と名づけた。1次サイコパスが集団内で比較的珍しい存在であれば，この詐欺師たちは，おそらく規範を守る人々と同じくらい生殖上の成功に恵まれる。彼

らの存在がより一般的になると，生殖上の利得が小さくなる（すなわち，ほとんどの人間がイカサマをするような世界では，数少ない信頼できる人たちの優位性が大きくなる）。Mealeyの頻度依存淘汰モデルは，「下劣な」男性と「お父さん」的男性で構成されるモデルともいえ，「お父さん」的男性は，Dawkinsのシミュレーションにおける誠実な男性の行動と類似した行動をとる。私自身の犯罪の適応戦略理論は，交配努力（「下劣な」タイプの行動）と養育努力の間の相対的なバランスを強調している。

「下劣な」スタイルの交配戦略を支えるために，どんな特性が進化したのだろうか。強い性的衝動や，新しい性的パートナーの目新しさに惹きつけられることは，明らかに交配努力の要素である。女性との交際中，自分を魅力的であり，外見上女性に興味をもっているように見せる能力は役に立つだろう。しかし，下劣な男にとっては，恋人や配偶者と情緒的に結ばれないように，情緒的愛着は偽りのものでなければならない。下劣な男は積極的で，少しだけ乗り気の相手にセックスを強要したり，ライバルの男性を阻止したりするだろう。下劣な男は，嘘をついたり浮気をしたりすることに対して良心の呵責をほとんど感じない。交配するという決断は素早く長く思案することなく行なわれなければならないので，衝動性は下劣な男にとって役立つ。彼らの無意識的な狙いは，相手の人数の多さであって，質の高い相手を1人得ることではない。

下劣な男のこうした一連の人格特徴は，心理学の文献で描かれているサイコパスのそれと一致する（Cleckley, 1976; Hare, 1985, 1991）。サイコパスには，良心の呵責や共感性がなく，外見上は魅力的で人好きし，自己中心的かつ衝動的で，知的なふりをし，他者に対してきわめて搾取的である。サイコパスは，一般的な街頭犯罪者のもつ特性の多くをもっているように思われる。ただし，衝動性のコントロールと知性はもう少し高い。確かに，これらの特性をもつ比率は，犯罪者のほうが一般的な人々よりも高いことが見いだされている。これらの特性は非常にわずかな物質的見返りしか生まず，一見，破壊的かつ意味がないと思われる（たとえば，平均的な犯罪からは，わずかな金額の儲けしかない）ような犯罪行為を助長する面もあるが，それは，これらの特性の真の隠された機能が交配の成功だからである。ほとんどの犯罪行為は計画的ではなく即時的で，目先の利得しか満たせない。犯罪者は衝動的で，Gottfredson and

Hirschi の言葉を借りれば，セルフコントロールを欠いている。他人を情緒的に傷つけても呵責をほとんど感じない下劣な男は，他人の財産を奪うのが簡単ならためらいを感じない。攻撃性が高いので，強盗を行なう際や評判を維持するために暴力をふるうことも多い。下劣な男であるからといって犯罪者であるとは限らない。そうではなく，交配努力特性が高い人々は，好都合な機会と環境条件が揃うと，他の人よりもさまざまな犯罪行為に走りやすいのである。Mealey の理論によると，1次サイコパスは遺伝的に決定される代替戦略である。Mealey は，1次サイコパスと，1次サイコパスと同じ特性を示すものの，拙い養育や反社会的な友人のせいでこれらの特性を発達させた2次サイコパス（secondary psychopath）を比較している（Lykken, 1995 を参照）。

　Mealey と違って，私は，交配努力が高いほど遺伝的影響が量的に大きくなると考えているので，環境的因果と遺伝的因果を厳格には区別しない。Mealey の1次サイコパス理論と私の代替戦略理論は，女性の犯罪行動や，女性がなぜ男性犯罪者に惹きつけられるのかを説明できない（受刑者は，時に，彼らの悪評に惹きつけられた女性と結婚する）。いずれの理論も，家庭での早期経験がその後の犯罪にとって条件つき適応理論が主張しているほど重要であるとは予測しない。

進化の視座：結論

　犯罪に対する進化的アプローチをひとめぐりしたが，進化の考えを用いて人間行動を説明している分野でなされている多くの主張や議論の細かい点をすべて網羅することはとてもできなかった。また，犯罪学に関連する進化的なものの見方のすべてに触れるだけの紙幅もなかった（Rushton, 1995; Ellis and Walsh, 1997 を参照）。すべての進化理論は相当に高い抽象度を要し，なぜ人々はそのように行動するのかという，行動の究極的な源を問う。進化理論は，犯罪学を学ぶ学生が関心をもつ，多くの応用問題に対する回答を直ちに与えてはくれない。死刑に抑止力はあるか，刑務所は犯罪者の更生に努めるべきか，銃の販売を規制すべきかといった問題である。また，非犯罪者よりも犯罪者に多

い特性について，なぜそのような特性がそもそも進化したのかをまったく論じずに記述をすることもできる。しかし，人間行動の究極的な原因について，こういった幅広い問いについて考えることは，知的な満足感を得られるやりがいのあることであると思う。

　進化理論にとって問題なのは，理論の実証も反証も困難であるということである。進化論的な考え方を批判する人たち（Lewontin, Rose, and Kamin, 1984）は，進化理論は，ラドヤード・キップリングの童話（象の鼻が長いのは，クロコダイルが鼻を引っ張ったからだという話を思い出そう！）のような，「なぜなぜ（just so）」[*11] 物語を語っていると非難してきた。ある奇妙な行動について，適応的な説明をひねり出すのは簡単である。たとえば，アリゾナ州フェニックスでスイミング用プールの普及率が高いのは，水が男性の精子を冷やすので受胎率が高まるから適応的であるともいえる。この主張についてのエビデンスを私は知らない。ただし，私は，プールには子どもが溺れる危険があるので，プール所有はダーウィン的意味でおそらく非適応であることは知っている。

　もし私たちにタイムマシーンがあり，有史以前の時代に戻ることができたら，人間の特性の進化についてもっと強力な推測ができただろう。いくつかの特性は急速に進化している。実際，下劣な男の戦略は，更新世の時代に進化したというより，世界の肥沃な地域における農業の発展によって人口規模の増大と古代都市の成長が可能となってはじめて進化した可能性がある。だが，人間の特定の特性の進化史をたどるには，有史以降の記録でさえあまりにも不足している。

　多くの学生が信じていることとは逆だが，理論というものは，決定的に反証できるとき（つまり提示された主張に対し「反事実的（counterfactual）」であるとき）にこそ刺激的である。とすると，進化理論はきわめて脆弱である。とはいえ，進化理論は，人間行動の根深いルーツ，つまり人間性の源を探索するもっとも刺激的で発展可能性のある理論である。私たちは約500万年前にチンパンジーと共通の祖先から進化した。その進化史は，私たちの遺伝物質（DNA）

＊訳注11　辻田東造（訳）2000『なぜなぜ物語』世界名作童話全集39　ポプラ社

の中で記号化されている。行動を完全に理解する唯一の方法は，行動を進化の視座から調べ，行動の進化理論の切れ味をよくする方法を見つけ，それを犯罪に対してさらに正確に当てはめることだけである。

◇ 推薦文献

Daly, M. and M. Wilson. (1988). *Homicide*. New York: Aldine de Gruyter. この本は，究極の犯罪である殺人に関する，進化的思考による素晴らしい案内である。

◇ 参照文献

Ainsworth, M. D. S. (1979). Infant-mother Attachment. *American Psychologist*, **34**, 932-937.

Alock, J. (1997). *Animal Behavior: An Evolutionary Approach* (6th ed.). New York: Sinauer Associates.

Belsky, J., L. Steinberg, and P. Draper. (1991a). Childhood Experience, Interpersonal Development, and Reproductive Strategy: An Evolutionary Account of Socialization. *Child Development*, **62**, 647-670.

＿＿. (1991b). Further Reflections on an Evolutionary Theory of Socialization. *Child Development*, **62**, 682-658.

Berenbaum, S. A. (1996). Personal communication (June).

Berenbaum, S. A. and M. Hines. (1992). Early Androgens Are Related to Childhood Sex-typed Toy Preferences. *Psychological Science*, **3**, 203-206.

Buss, D. (1995). *The Evolution of Desire: Strategies of Human Mating*. New York: Basic Books.

＿＿. (2000). *The Dangerous Passion: Why Jealousy Is as necessary as Love and Sex*. New York: Free Press.

Cleckley, H. (1976)(1941). *The Mask of Sanity*. St. Louis: Mosby.

Cohen, L. E. and R. Machalek R. (1988). A General Theory of Expropriative Crime: An Evolutionary Ecological Approach. *American Journal of Sociology*, **94**, 465-501.

Crawford, C. and D. L. Krebs. (1998). *Handbook of Evolutionary Psychology: Ideas, Issues, and Applications*. Mahwah, NJ: Lawrence Erlbaum Associates.

Daly, M. and M. Wilson. (1988). *Homicide*. New York: Aldine de Gruyter.

Dawkins, R. (1976). *The Selfish Gene*. Oxford: Oxford University Press. ［リチャード・ドーキンス（著）　日高敏隆・岸由二・羽田節子・垂水雄二（訳）　利己的な遺伝子（増補新装版）　紀伊國屋書店(2006)］

＿＿. (1987). *The Blind Watchmaker*. New York: W. W. Norton. ［リチャード・ドーキンス（著）　日高敏隆（訳）　盲目の時計職人　早川書房（2004）］

Draper, P. and H. Harpending. (1982). Father Absence and Reproductive Strategy: An Ecolutionary Perspective. *Journal of Anthropological Research*, **38**, 255-273.

Eibl-Eibesfeldt, I. (1970). *Ethology: The Biology of Behavior*. New York: Holt,

Rinehart and Winston.
Ekman, P. (1994). Strong Evidence for Universals in Facial Expressions: A Reply to Russell's Mistaken Critique. *Psychological Bulletin*, **115**, 268-287.
Ellis, L. and A. Walsh. (1997). Gene-based Evolutionary Theories in Criminology. *Criminology*, **35**, 229-276.
Freud, S. (1917). *Introductory Lectures on Psychoanalysis*. (J. Riviere and J. Strachey, trans., London: Hogarth, 1963).
Gangestad, S. W. and J. A. Simpson. (1990). Toward an Evolutionary Theory of Female Sociosexual Variation. *Journal of Personality*, **58**, 69-96.
Gottfredson, M. R. and T. Hirschi. (1983). Age and the Explanation of Crime. *American Journal of Sociology*, **89**, 552-584.
Gottesman, I. I. (1991). *Schizophrenia Genesis: The Origins of Madness*. New York: W. H. Freeman.
Hare, R. D. (1985). Comparison of Procedures for the Assessment of Psychopathy. *Journal of Consulting and Clinical Psychology*, **53**, 7-16.
___. (1991). *The Hare Psychopathy Checklist, Revised*. Toronto, Ontario, Canada: Multi-Health Systems.
Hollox, E. J., M. Poulter, M. Zvarik, V. Ferak, A. Krause, T. Jenkins, N. Saha, A. I. Kozlov, and D. M. Swallow. (2001). Lactase Haplotype Diversity in the Old World. *American Journal of Human Genetics*, **68**, 160-172.
Ingman, M., H. Kessmann, S. Paabo, and U. Gyllensten. (2000). Microchondrial Genome Variation on the Origin of Modern Humans. *Nature*, **408**, 708-713.
Kanazawa, S. and M. C. Still. (2000). Why Men Commit Crimes (and Why They Desist). *Sociological Theory*, **18**, 434-447.
Lewontin, R. C., S. Rose, and L. J. Kamin. (1984). *Not in Our Genes: Biology, Ideology, and Human Nature*. New York: Pantheon Books.
Lykken, D. T. (1995). Dysgenic Fertility for Criminal Behavior. *Journal of Biosocial Sciences*, **27**, 405-408.
Maccoby, E. E. (1991). Different Reproductive Strategies in Males and Females. *Child Development*, **62**, 676-681.
Mealey, L. (1995). The Sociobiology of Sociopathy: An Integrated Evolutionary Model. *Behavioral and Brain Sciences*, **18**, 523-599.
Reiss, A. J. and D. P. Farrington. (1991). Advancing Knowledge About Co-offending: Results From a Prospecrtive Longitudinal Study of London Males. *Criminology*, **82**, 360-395.
Rowe, D. C. (1996). An Adaptive Strategy Theory of Crime and Delinquency. In j. D. Hawkins (ed.), *Delinquency and Crime: Current Theories*, pp. 268-314. Cambridge, England: Cambridge University Press.
___. (2000). Death Hope and Sex: Steps to an Evolutionary Ecology of Mind and Morality. *Evolution and Human Behavior*, **21**, 352-364.
Rowe, D. C., A. T. Vazsonyi, and A. J. Figueredo. (1997). Mating Effort in Adolescence: Conditional or Alternative Strategy. *Personality and Individual Differences*, **23**, 105-115.

Rushton, J. P. (1995). *Race, Evolution, and Behavior*. New Brunswick, CT: Transaction Publishers.

Steffensmeier, D. J., E. A. Allan, M. D. Harer, and C. Streifel. (1989). Age and the Distribution of Crime. *American Journal of Sociology*, **94**, 803-831.

Stouthamer-Loeber, M. and E. H. Wei. (1998). The Precursors of Young Fatherhood and Its Effect on Delinquency of Teenage Males. *Journal of Adolescent Health Research*, **22**, 56-65.

Tooby, J. and L. Cosmides. (1992). The Psychological Foundations of Culture. In J. Barkow, K. Comides, and J. Tooby (eds.), *The Adapted Mind*, pp. 19-136. New York: Oxford University Press.

Wilson, E. O. (1975). *Sociobiology: The New Synthesis*. Cambridge, MA: Harvard University Press.

第4章

体は語る？
生物学的特徴と犯罪性向

　ほとんどの人は，自分は健康で無傷で，自分の運命は自分が握っているという心地よい信念を抱いて生きている。しかしこの信念は，脳卒中によって脳が一撃を受けると完全に崩れてしまう。脳の一か所に限定された脳卒中であっても，人の顔の認識もできなくなってしまうことがある。誰かがドアから入ってきたところを見ていたとしても，5分後にはその人のことを見た覚えがまったくなくなったり，左手でシャツのボタンを留められても右手では留められなくなってしまうこともある。記憶を消してしまう脳卒中もあり，その場合は，絶えず移り変わる現在の中に居続けることになる。このような脳卒中の患者はついさっき言われたことの記憶もないため，今聞いた会話がその2分後にはまるで初めてであるかのように聞こえる。私たちの自己同一性（self-identity）の確かな基盤はすべて，私たちの脳の健康なはたらきに依存している。神経科学の高みから見ると，脳と心は二元的なものではなく，ひとつしかない同一のものである。

　神経学者 Antonio Damasio と彼の同僚は，精神病質（psychopathy）の神経学的根拠を例証すると思われる，2件の医療ケースを研究してきた（Anderson et al., 1999）。彼らの対象は，男性1人と女性1人で，2人とも乳幼児期に前頭前野（prefrontal cortex）に損傷を負っていた。前頭前野は眼窩のちょうど

後ろで，鼻柱の上に位置し，行動の順番の計画と将来の予測に関与している。女性は生後15か月のとき車に轢かれた。男性は生後3か月のとき前頭前野から脳腫瘍を切除した。2人とも，大学卒の両親と正常な実のきょうだいのいる安定した中産階級の家庭で育ったが，満足な社会適応ができず，友人がおらず，両親からの扶養に依存していた。何の将来計画もなかった。女性には虚言癖があり，両親から物を盗み，万引きをした。早熟でリスクの高い性行動のため18歳になる前に妊娠した。男性は，9歳になる前に軽微な窃盗や攻撃的な非行行為をはたらいた。彼には他者への思いやりがまったくなかった。

Damasioらは，この2人が，賞と罰の不確実性に対しどのように反応するかを調べるため，コンピュータによるギャンブル課題によるテストを行なった。課題は，「悪い」カードの一式に対する支払いは高額で即時的であるが，「よい」カードの一式に対する支払いは即時的には低額だが長期的には高額になるように設計されている。ほとんどの人は「よい」一式からカードを引くほうが長期的には支払いが高額であることをすぐに学習する。しかし2人は，長期的に支払いが高額である一式を利用することを学習できなかった。

何よりも驚くべきことに，脳に損傷を受けたこの2人の被害者は，正しい答えと間違った答えの違いを理解することができなかった。彼らは，社会的規範や社会的状況の中でどのように行動すべきかの理解に欠けていたのである。彼らの道徳に対する理解の欠如は，同じ領域に脳損傷があり精神病質の症状も見せるものの，正しいことと間違ったことの道徳的な違いを容易に理解できる成人の思考プロセスとは対照的である。

犯罪性向の生理学的根拠の知見

遺伝子が前頭前野のはたらきに影響を与えるとすると，前頭前野は，犯罪性向に対する遺伝的影響を媒介すると考えられる。注意欠陥多動性障害（ADHD）の有名な理論は，この脳部が関係していると考える（Barkley, 1997）。前頭前野に欠損があると，実行機能（すなわち行動を計画し振り返る能力）が損なわれることがある。実行機能が損なわれると，将来よりも現在に焦点が向き，行

動が衝動的でまとまりがなくなる。実行機能を要する特定の課題を含むテストによって、精神病質者（サイコパス）とコントロール群の個人を区別することができる。そのひとつが、古典的な欲求充足遅延（delay-of-gratification）課題である。課題のひとつでは、コンピュータ・スクリーンに5セント硬貨を獲得する確率が40％であるというメッセージが示される。参加者はその5セント硬貨をその場で取ることもできるが、14秒間待てば獲得確率を80％にする（長期的に見て獲得額を多くする）ことができる。精神病質の犯罪者は、精神病質ではない犯罪者と比べ、14秒間待たず、より多くの頻度で、即時的報酬を選択した（Newman, Kosson, and Patterson, 1992）。この課題は、即時的な支払いが得られるとしても、長期的な支払いを得る努力をするという点で、Damasioのカード組課題と基本的には同じ状況を提示していることに気づいてほしい。

　脳の各部位の機能に対する理解は進歩しているのにもかかわらず、現時点では犯罪性向の診断テストは存在しない。脳腫瘍については、脳イメージング技術（brain-imaging technology）および脳組織の生体（標本）検査によって紛れのない診断が下せる。診断用医療検査を用いることで、ストレス頭痛と脳腫瘍を確実に区別できる。現在の脳イメージング像技術によって、機能している生体脳の驚くほど詳細なイメージを得ることができるが、こうした技術を用いても診断レベルの正確さで犯罪性向のない人間と犯罪性向のある人間を見分けることはできない。犯罪性向に特有の生物学的危険因子（biological risk factor）を吟味する前に、私たちはいくつかの方法論的問題を考察する必要がある。

危険因子 対 診断

　犯罪性向の生物学的指標は、いろいろと発見されてきた。こうした指標があると犯罪性向が存在する可能性が高まることから、これらの指標を犯罪の「危険因子」と呼ぶことができる。現在の生物学的指標と犯罪性向との関係は弱いので、これらの指標を用いて特定の個人について具体的な診断を行なうことはできない。

　生物学的尺度は、社会科学者が使う質問紙やその他の「検査器具（instruments）」と比べて、科学的で確実であるように思われる。しかし生物学的検

査には，それなりの問題点がある。有用であるためには，測定に信頼性が必要である。しかしたとえば，血圧は日々のストレスや睡眠覚醒リズムによって変化するため，1回きりの測定では信頼性が低い。医者は，高血圧症の診断を下すに当たっては，何回かは高血圧の値を得たうえで，注意深く行なわなければならない。論文は，犯罪性向を予測するのに使われている多くの生物学的検査の信頼性係数を報告していない。信頼性が低いと，生物学的検査は犯罪性向を予測できないことがある。

信頼性という概念を理解するために，身長の高さで，バスケットボールチームの選手を選抜するという例を想像してほしい。ただし，監督の知らないところで，助監督がコインをはじいて，表が出たら実際の身長から4インチ引き，裏が出たら身長を4インチ足しているとする。当然だが，正しい身長で選ぶよりも誤った身長で選抜するほうが，間違いが多くなる。誤った値は信頼性が低い。コイントスによるランダム誤差を含むからである。もちろん選手のフィールド・ゴール成功確率が分かっていれば，本当に勝てるチームを選抜することができるが，それは別の話だ。

因果の方向

私たちは，犯罪へと向かう生物学的性向を特定したいのだが，生物学的指標は社会的刺激（social stimuli）からの影響も受ける。熊があなたに向かって走ってきたら，心拍数や呼吸数が増え，ストレスホルモンであるコルチゾールの血中濃度が急上昇し，手のひらに汗をかき始めるだろう。これらの生理反応を「熊による攻撃」性向とは名づけない。因果の方向は，環境刺激から生体反応へという向きだからである。

より重要な点は，生物学的機能の多くは，突進してくる熊のようにはっきりとした環境刺激に反応しているわけではないということである。男性ホルモンであるテストステロン（T）は，ひいきのスポーツチームが勝つのを見ると上昇し，そのチームが負けると低下する（Bernhardt et al., 1998）。テストステロンのレベルは，性的行為の後にも上昇する（Dabbs and Mohammed, 1992）。こうした経験は永久的な変化を生じるわけではないため，これらの例では，高まったテストステロンのレベルは，すぐに元のレベルに戻る。テストステロン

のレベル（T-レベル）には概ね遺伝性がある（Harris, Vernon, and Boomsma, 1998）が，T-レベルのある一回の測定値が，生物学的な特性だけを反映しているわけではない。

このように，T-レベルには環境に対する反応性（responsiveness）があるので，T-レベルが関与している連関については，因果の方向が一方向とはいいきれない。しかし，ある大規模サーベイ研究によれば，因果の方向は，T-レベルから犯罪性向へ向かっている可能性が高い。性交やスポーツチームの勝利といったテストステロンに強く影響を与えるできごとは，おそらくランダムに生じているため，連関にバイアスをもたらすことはないと思われる。つまり，T-レベルが高い人の一部はサーベイの前夜にセックスをしているが，T-レベルが低い人のうちの一部もセックスをしている。同様に，シカゴ・ブルズがサーベイの前夜に勝利すればファンのT-レベルは上昇するだろうが，負けたチームを熱心に応援したファンのT-レベルは低下するだろう。したがって，大規模サーベイで見いだされた統計的連関は因果的である可能性が高い。

犯罪性向の血液検査と唾液検査

簡単な唾液検査や血液検査によって犯罪性向を検出できるだろうか。検査によって，血液中を循環しているいくつかのホルモンや，神経伝達物質の代謝産物を検出できるという肯定的なエビデンスがある。

テストステロンは，Y染色体をもつ胎児が男性に育つためのホルモンで，シンプルな構造をした，ダイエット中の人が恐れる物質（コレステロール）に由来する生化学物質である。テストステロンは，特定の細胞の表面にある受容体（レセプター）に結合して，細胞内に立て続けに生物学的事象を発生させ，最終的には細胞の核の遺伝子発現（gene expression）を変化させる。つまり，テストステロンは，遺伝子をオフにもオンにもできる。テストステロンは血中を循環しており，その一部は，何とも結合していないフリーテストステロンで，残りは，担体たんぱく質（carrier protein）と結合している。フリーテストステロンのレベルは，安価に唾液から検出できる（Dabbs et al., 1995）。テストステロンには強力な生理学的効果があり，男らしさと強い関係があるので，図4.1の写真は誇張しすぎだが，男性がテストステロンの力を喜ぶのも不思議で

はない。

ベトナム戦争の退役軍人について，社会的統合（social integration）と，テストステロンのレベルと犯罪の間の関連の強さの，交互作用を報告している研究が2件ある。男性の社会的統合が弱い——つまり，社会階級が低い，未婚，職歴が不安定である——ほど，テストステロンと犯罪の関連は強い（Booth and Osgood, 1993; Dabbs and Morris, 1990）。このことを示すのに，Dabbs and Morris は，4,462人のベトナム戦争の退役軍人における，犯罪とテストステロンのレベルに関するデータを用いた。彼らの研究では，T-レベルの高さは，攻撃的な行動を含むさまざまな反社会的行動を予測した。その関連は，中層階級の男性よりも下層階級の男性のほうが強かった。表4.1は，テストステロンのレベルが高い者（上位10%，$n=202$）と，正常な者（下位90%，$n=1,294$）について，非行者と分類された者の比率を示している。社会階級が低い男性では，テストステロンのレベルが高いと犯罪のリスクはほぼ2倍になる。しかし，社会階級が高い男性では，テストステロンのレベルはもともと低い犯罪率にほとんど影響を与えない。Dabbs and Morris による知見は，T-レベルが社会的状況と交互作用をすることを示唆している。すなわち，低い階級では，T-レベルは，犯罪性向のより有力な原因となりうる。もうひとつの可能性は，低い階級へと移動する男性は，テストステロンの効果を増幅する別の遺伝的危険因子をもっているというものである。Dabbs and Morris が両親の社会階級ではなく男性自身の階級達成を用いているため，この2つ目の理論には若干の信憑性がある。

Jacobson and Rowe（2000）は，テストステロンと犯罪との関連に関する上記以外の研究を概観している。彼らはおそらく，テストステロンと攻撃性の関連は青年より成人について一貫しているが，それは思春期がホルモンのレベルに著しい影響を与えているからであろうと指摘している。化学的によく似たホルモンであるエストラジオールが女性の攻撃性と関係していることを明らかにしている研究もある。ホルモンと女性犯罪の連関を吟味している研究グループ

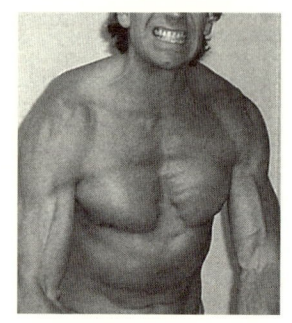

図4.1 男らしさ（masculinity）—テストステロンの力の誇張された見方

表4.1 非行行動を示したサンプルのパーセンテージ

	テストステロンレベルで分類された退役軍人	
	高いTレベル 非行者率（%）	正常なTレベル 非行者率（%）
社会階級・低	30.7	14.7
社会階級・高	4.1	4.5

T＝テストステロン。サンプルの10％は高いTレベルに該当し、90％は正常なTレベルに該当する。

は，たったひとつしかなく，犯罪研究が総じて女性を無視していることの現れのひとつである。

　成人男性の唾液におけるテストステロン濃度は，非行よりも魅力的なまったく違う別の現象，すなわち，声の低さと関連している（Dabbs and Mallinger, 1999）。テストステロンのレベルと犯罪性向の関係の強さは，テストステロンのレベルと低い声をもつことの関係の強さとほぼ同じである。もちろん，聖歌隊のリーダーは，ヘンデルの「メサイア」の，バスのパートを歌えそうな男性を見つけるために，血液や唾液のサンプルを採ったりはしない。そうではなく，オーディションを開いて歌わせるだろう。多くの生物学的危険因子は，特定の個人が将来非行行為をはたらくかどうかを予見するための強力な予測手段として使用できるほどの特異度（specificity）をもたない。

セロトニンの量

　セロトニンは，脳内の神経伝達にかかわる化学物質である。出力神経細胞と入力神経細胞の間で神経信号（nerve signals）が受け渡されるとき，セロトニンは一方の細胞ともう一方の細胞とのわずかな隙間（シナプス）を渡り，入力細胞の表面にある受容体たんぱく質（receptor proteins）に結合する。この結合のプロセスが，入力細胞が神経インパルス（nerve impulses）を標的細胞へ送る能力を調整する生化学的な連鎖反応のきっかけとなる。別の分子であるセロトニン担体たんぱく質（serotonin transporter protein）は，セロトニンを再利用して出力細胞内に戻す再循環のはたらきをしている。セロトニンは，アメリカ人の食事（特に肉）に豊富に含まれる必須アミノ酸であるトリプトフ

ァンから作られる。セロトニンは，脳の深部の特定の領域にある細胞で生成される。セロトニンを生成する神経細胞からの軸索（axons）は，高次の思考過程を調節していると思われる前頭前野を含め脳内に，電気回路の長い電線のように広く行き渡っている（Spoont, 1992）。

直接的な生物学的検査によるセロトニンのレベルの測定は，参加者の脳に損傷を与える危険がある。そのため，2つの間接的な方法が用いられている。ひとつは，脳脊髄液中でセロトニンが分解される生化学的過程におけるセロトニン代謝産物（serotonin metabolite: SM）のレベルを測定する方法で，もうひとつは，血小板細胞中のセロトニン自体のレベルを測定する方法である。

脳脊髄液中のセロトニン代謝産物のレベルの低さと自殺衝動・自殺未遂・自殺既遂とは，一貫して関連があることが明らかになってきている（Asberg, 1997）。また，脊髄液中のセロトニン代謝産物のレベルは，暴力犯罪者においても低い（Fuller, 1996）。さらに，自殺念慮のある人は，時々衝動的に攻撃的になるが，彼らの攻撃性はセロトニン代謝産物のレベルの低さと関連している。

セロトニン神経系（serotonin system）は，1975 年頃初めて発見された抗うつ剤類であるセロトニン再取り込み阻害剤の標的である。これらの抗うつ剤の中でもっとも有名なフルオキセチン（fluoxetine）は，プロザックという商品名で売られている。この薬は，おもな抑うつ障害を軽減することができるが，その他の多くの人格上の問題まで改善できるとさえ思われることから『驚異の脳内薬品——鬱に勝つ「超」特効薬（*Listening to Prozac*）』という，ベストセラーになった本まで出版されるに至った（Kramer, 1997）。プロザックの作用のメカニズムは，精神病理をセロトニンのレベルの低さと結びつける仮説に対し，より強固な支持を与えている。プロザックは，セロトニン担体たんぱく質と結合してそのはたらきを妨げる。つまり，プロザックは，細胞間のシナプスの中にあるセロトニンの供給を高めることで抑うつを軽減していると思われる。一方で，この説明が，プロザックの作用の仕方を単純化しすぎているのは確かである。プロザックは，あるタイプのセロトニン受容体たんぱく質とは結合することでそれを活性化させてもいるし，知られていないたくさんの代謝効果ももっている可能性がある。最終章では，抗うつ剤が犯罪者に対する治療的介入（treatment intervention）として用いられるようになってきた過程を考

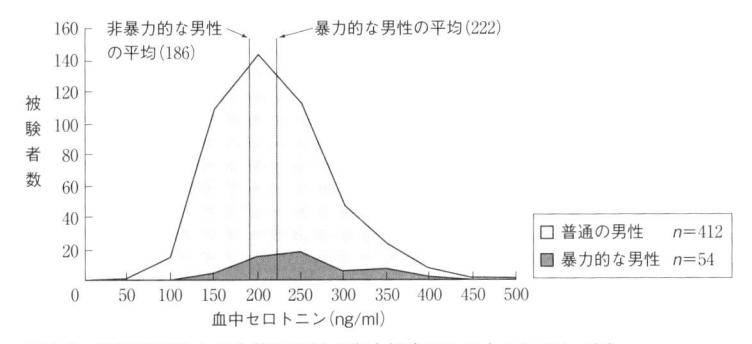

第4章 体は語る？ 生物学的特徴と犯罪性向

図4.2 普通の男性と暴力的な男性の血小板中のセロトニンのレベル
出典：Reprinted from Moffitt et al., 1998. Copyright © Society of Biological Psychiatry. Reprinted by permission.

察する。

それまでの研究者の多くとは異なり，Moffitt とその同僚（1998）は，精神科の患者サンプルではなく，一般人サンプルを用いた。彼らは，血小板細胞中のセロトニンのレベルも測定した。サンプルは，全員ニュージーランドで同じ年に生まれた，21歳の男女781人であった。暴力の測定は，暴力犯罪の有罪判決回数と自己申告によって行なった。男性については，血小板セロトニンのレベルの高さが暴力と関連していることが明らかになった。この効果は，薬物使用，血小板数，体重，精神障害，社会階級，非暴力的犯罪，家族関係といった関係のありそうな要因を統計的に統制しても保たれた。図4.2は，暴力的な男性と非暴力的な男性の，血小板中のセロトニンのレベルの分布を示している。暴力的な男性の平均血小板濃度が222 ng/ml なのに対し，それ以外の男性のサンプルでは186 ng/ml であった。このデータから，セロトニンのレベルと暴力の相関係数は，おおよそ.25と推定できる。

セロトニンのレベルの2つの尺度（脳脊髄液中と血小板中）は，行動障害に対し逆の関係にある。脊髄液の研究では，神経細胞間のシナプスに放出され使用された後に生成されるセロトニン代謝産物の量を測定している。代謝産物が少ないということは，神経細胞間の伝達に利用できるセロトニンの量が少ないということである。血小板中セロトニンの研究では，血小板の中に蓄えられた，つまり伝達のためにいまだ放出されていないセロトニンの量を測定している。つまり，細胞間の伝達がうまくいっていないということは，理論的に言えば，

（神経細胞（ニューロン）中あるいは血小板中に）蓄えられたセロトニンの濃度が**高く**，（シナプスや筋肉によって）セロトニン代謝産物へと変換されるために放出されたセロトニンの濃度が**低い**ということである。このように，2種類の検査で見いだされた関連の向きが逆であるという問題は，理論的に解決できる。

犯罪性向の心拍数検査

　心拍数（heart rate）は，多くの環境的必要に対し，きわめて敏感な生理的作用である。心臓は脳の末梢器官（peripheral organ）であり，状況の心理的評価を含む脳の活動が，神経系を通じて心拍数を決定している。心拍数は，交感神経系の活動と副交感神経系の活動のバランスによって決まる。交感神経系は心拍数を増やし，副交感神経系は心拍数を減らす。人の注意を捉える刺激は，最初，定位反応（orienting response）により心拍を加速させる。チェスゲームで頭を使うと心拍は早くなる――とすると，チェスはおそらくスポーツの名に値する。あなたが医師の診療室に入る瞬間や，まさに調査の面接者から健康診断を受けようとしている状況を想像してほしい。あなたは無意識のうちにその事態を評価し，少しでも不安に感じられるなら，心拍数は高まるだろう。ただし，もしあなたの犯罪性向が平均的な人よりも高ければ，心拍数はそれほど高まらない。

　Raine（1993）は，犯罪を臨床的障害とみなす著書の中で，安静時心拍数と犯罪との関係に関する14件の研究を要約している。14件すべての研究が，安静時心拍数が少ないことが犯罪率の高さと関係していることを見いだしていた。心拍数の測定は，脈拍数の単純なカウントから，最新式の電気計測に至る方法で行なわれていた。犯罪の測定は，犯罪記録，教師の評価，人格検査における自己申告，行為障害の精神科診断などの方法で行なわれていた。心拍数の少なさと犯罪性向の関連は，アメリカ人のサンプルでもイギリス人のサンプルでも，男性のサンプルでも女性のサンプルでも見いだされた。この統計的連関は，その後の研究でも支持された（Raine et al., 1997）。要するに，この知見は，異なる母集団から得られたサンプルにおいてさまざまなタイプの心拍数の測定尺度について支持されているため，とりわけ頑健である。

第4章 体は語る？ 生物学的特徴と犯罪性向

　この関連は，犯罪行動が始まるずっと前に低心拍数を測定したうえで同一の人々を生涯にわたって追跡した研究でも明らかにされている（Farrington, 1997; Raine, Venables, and Mednick, 1997）。Raine et al. は，子どもが3歳のときの心拍数と，その子どもが11歳のときの反社会的行動との関連を調べた。この研究は，素晴らしいスキューバダイビングスポットとして知られるインド洋のモーリシャス島で行なわれた。母親に小麦粉を2袋，子どもにキャンディを提供し，無料の健康診断を行なうことで，地元のインド系住民，クレオール人，その他の民族の出身者から，100%という驚異的な協力率を得た。心拍数は，1分間の脈拍数を記録して測定した。攻撃性と非暴力的反社会性は，子どもが11歳のときの親による報告によって評定した。心拍数の少なかった子どもたちのほうが，心拍数の多かった子どもたちよりも攻撃的であると評定された。図4.3に示すように，3歳のときに心拍数が少なかった子どもたちは，心拍数が多かった子どもたちに比べ，11歳のときに攻撃的である者の比率（prevalence）が約2倍であった。別の見方をすると，高攻撃性群は，低攻撃性群よりも1分あたりの心拍数が平均して7回少なかった。心拍数は，非攻撃的な形態の非行よりも攻撃的行為をよりよく予測し，この関連は，体格と社会階級を統計的統制として導入した後でも保たれた。

　Farringtonによるケンブリッジ非行発達研究（Cambridge Study in Delinquent Development）も，18歳時の安静時の心拍数の少なさと，19歳から40歳までの有罪判決との間の関連を見いだしている。心拍数の非常に多かった男性（1分間あたり81拍以上）のうち5%が有罪判決を受けていたのに対し，

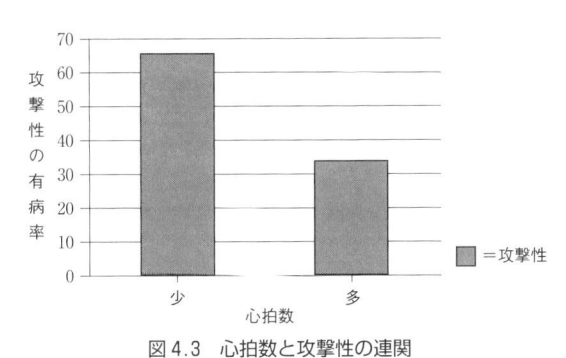

図4.3　心拍数と攻撃性の連関
出典：データは Raine, Venables, and Mednick, 1997

心拍数の非常に少なかった男性（1分間あたり60拍以下）のうち17%が有罪判決を受けていた。この連関は，低い言語IQ，不安定な職業歴，8歳から10歳までのリスク・テイキング[*12]，親の有罪判決歴などの変数を統計的に統制した後でも保たれた。

犯罪性向の皮膚伝導検査

興奮性の交感神経系と抑制性の副交感神経系の間の交互作用の表現である心拍数とは異なり，皮膚伝導（skin conductance: SC）は，中枢神経系（central nervous system）による，交感神経系の刺激だけを反映する。中枢神経系において，皮膚伝導は，たとえば特定の刺激に注意を向けるなど，特定の刺激に対する注意資源（attentional resources）の転換の反映である。

皮膚伝導は，指に発汗した汗の量を記録することで測定する。分泌液（汗）は，皮膚の穴から出る際，塩化物とナトリウムのイオン（荷電粒子）を運搬しているので，電流を通す。そこで，2本の指に取りつけた電線の間の電気抵抗を検査することで皮膚伝導が測定できる。

皮膚伝導反応の弱さは犯罪性向と関連していることが明らかになってきている（Raine, 1993）。しかし，皮膚伝導反応に関する研究文献は，安静時の心拍数に関する研究文献ほど，一貫した結果を見いだしているわけではない。精神病質者や反社会的な人間には，安静時の（騒音や話しかけといった誘発刺激がない状況で測定される）皮膚伝導反応が弱いという傾向があるが，すべての研究がこの関係を見いだしているわけではない。なぜこの関係を見いだせる研究と見いだせない研究があるかというと，その正確な理由は，検査環境が微妙に変化するからである。犯罪性向のある人間は，皮膚伝導の半回復時間が早いことも示されている。半回復時間とは，刺激を受けた後，皮膚伝導が元のレベル（ベースライン）に向けて半分だけ下がるのに要する時間のことだが，その生理学的な基礎はよく分かっていない。

皮膚伝導の弱さと安静時心拍数の少なさの両方の根底にあるひとつの要因は，脳の覚醒状態の低さであろう。脳の覚醒の低さが犯罪につながるという考えは，

＊訳注12　刺激や興奮を求めて危険な行動を行なう傾向，または，行なわれる危険な行動

第4章 体は語る？ 生物学的特徴と犯罪性向

犯罪行動に関する，初期の生理学的仮説のひとつである（Eysenck and Gudjonsson, 1989）。犯罪性向をもつ人間は精神覚醒が低い状態にあるので，健康診断という若干不安を感じる状況でも心拍数が増加することがないのだろう。この理論は，覚醒レベルの低い人間は，その低さを補うために，内在的に覚醒的な活動を求めていると主張する。怪我をするようなケンカを始めたり，強盗をして人を脅かしたりするといった犯罪は，身体を覚醒させる行為である。脳の覚醒レベルが正常な人間にとって，そのような行為は，心理的に嫌悪してしまうほど耐えられないレベルまで精神覚醒を高めてしまうだろう。しかし，覚醒レベルがもともと低い人間にとって，覚醒レベルが同じだけ高まることは，心地よく刺激的で報酬がある。この場合，犯罪は慢性的に低覚醒状態の脳のための自己投薬である。

こうした生理学的知見は，恐怖心の欠如（fearlessness）という根底的な人格特性によって解釈することもできる。恐怖心の欠如は，若干不安を感じる状況でも心拍数と皮膚伝導が低いままであることを説明するだろう。恐怖心のない子どもは，恐怖心のある子どもよりも，社会化することが難しい——罰は激しい感情をよび起こせず，教訓をきちんと身につけられない——ため，恐怖心の欠如は，人を犯罪に向かわせている可能性がある。家に押し入るときや暴力で脅すときにも，恐怖心がないほうがよい。クリント・イーストウッドが映画『許されざる者（*The Unforgiven*）』の中で抑揚をつけて言っているように，殺し屋が真っ直ぐ撃てるのは，早く撃てるからではなく，恐怖心がないからである。

以上の2つの説明のうち，私は恐怖心の欠如よりも低覚醒のほうを好む。私の教えた大学院生の1人である Bo Cleveland (1998) は，非行と性的強要についての研究に，恐怖心の欠如の尺度と刺激探求（stimulation seeking）の尺度の両方を含めた。恐怖心の欠如の尺度は，一貫して残念な結果だった。恐怖心の欠如は，犯罪ともその他の犯罪性向の尺度とも相関していなかった。それに対して，低覚醒理論（under arousal theory）にもっとも相応しい尺度である衝動性（impulsiveness）の尺度と刺激欲求（sensation seeking）の尺度は犯罪と相関していた。私が，研究文献を総合的に読んだ範囲では，衝動性と刺激欲求は，不安（anxiety）や恐怖心の欠如よりも犯罪と強く関連している。

他方で，低覚醒理論にはその限界がある。生理機能を，個別具体的に犯罪性向と結びつける議論はほとんどない。低覚醒は，多くの社会的に認められている活動を通じて軽減することができる。NASCAR[*13]のドライバー，高山の登山者，海底峡谷を探索するダイバー，こういった人たちは皆，刺激欲求特性をもっている。低覚醒理論が不完全なのは，なぜ特定の人間が冒険ではなく犯罪に向かうのかを示していないためである。犯罪の生理学的基礎を明らかとすることにより，これまで達成されていないレベルの特異度で冒険に向かう人と犯罪に向かう人を区別できるのが理想である。

脳の構造と機能の検査

技術革命によって，生きている脳の構造や機能を驚異的な正確さで見ることができるようになった。さまざまな脳イメージング（brain imaging）技術が，心を覗くためのまったく新しい窓を開いてきた。脳イメージングのひとつの方法に，PET（positron emission tomography：陽電子放射断層撮影法）スキャニングがある。PETによるスキャンは，認知的作業の間，脳のどの部分がもっとも活動的であるかを教えてくれる。

PETによるスキャンを行なうためには，放射性ラベルをした糖をまず注射しなければならない。糖は脳の燃料である。脳のもっとも活動的な部位が血流から取り込む糖（燃料）はもっとも多く，あまり活動的でない部位が取り込む糖の量は少ない。このプロセスは動的で，脳の代謝活動レベルの変化を追いかけて，糖利用は急速に変化する。放射性ラベルをした糖が注射された後，典型的な実験では，およそ30分間，認知的作業をするように言われる。この作業の間，もっとも活動的な脳の部位は数ミリ四方しかないが，この部位がもっとも多量の放射性の糖を吸収する。

作業を終えると，頭をPETスキャナの中に入れて横になる。このとき放射性ラベルをした糖分子は脳細胞の中にある。PETスキャナが，分子が放出する高エネルギーの陽電子を検出する。高度なコンピュータ・プログラムがこのデータを用いて，糖摂取の強度が分かるように，脳の部位の画像を生成する。

＊訳注13　全米自動車競争教会（National Association for Stock Car Auto Racing）

よってこの画像は、脳のどの部分が生理学的にもっとも活発であるかを示す。この脳イメージング法は、放射性ラベルした糖と複雑な装置を用いることから、研究利用には非常に費用がかかる。

　PETスキャンと違い、**MRI**（magnetic resonance imaging：磁気共鳴影像法）によるスキャンは、脳の機能というより、脳の組織を示す。PETスキャナと同様に、参加者は、大きなMRIの機械の中で横になり、頭を固定する。参加者の頭の中を強力な磁場を通過させることによって、体内の水素原子核を小さなコマのように一方向に回転させる。MRIは、水素原子の中の原子核にもっとも強く影響を与える。水素は脳内でもっとも豊富にある成分のひとつであり、水（H_2O）や多くの有機分子の構成要素である。いったん磁場が断たれると、原子核はすぐに元の方向に向き、電波スペクトルとしてエネルギーを放出する。そのエネルギーは、MRI装置の中にあるコイルに感知され、コンピュータ・プログラムによってきわめて詳細な3次元の脳構造イメージに変換される——このイメージはどの面に沿ってもスライスできるので、まるで脳を鋭利なナイフで切って切断面を見ることができるようなものである。機能MRI（functional MRI）と呼ばれるMRI装置の改良版は、脳活動についての情報も提供する。これらの素晴らしい技術が医学的診断の大きな助けとなり、心（精神活動）と脳（身体器官）の関係の研究の門戸を開いた。

　Raineとその同僚は、脳イメージと犯罪性の関係を10年以上もの間研究してきた。彼らの一般的な知見は、犯罪性向のある人間の脳内では前頭前野（高次の思考プロセスや、感情と思考の統合にもっとも関係している脳の部位）がうまく機能していないということである。彼らのもっとも初期の仕事は、PETスキャニング技術を使って行なわれた。1993年の研究は、22人のカリフォルニアの殺人者を対象とし、20人が男性、2人が女性だった。19人のコントロール群は、年齢と性別でマッチングされた正常な人だった。殺人者群のうち3人が統合失調症であったので、そのコントロールは暴力歴のない統合失調症患者とした。全参加者に対して、脳の糖代謝とその活動部位を検出するためにPETスキャンを行なった。まず、参加者は、コンピュータ画面に映し出される数値を識別する30分間のテストを受けた。テスト終了後、参加者はPETスキャンを受け、高エネルギー陽電子を用いて、もっとも糖代謝の大きい脳の

部位が特定された。

　PETスキャンの結果は相対的なものである。ひとつの脳部位の活動は，他のすべての脳部位の活動との相対的な比較として表現される。殺人者の欠点（コントロール群よりも脳の活動が低い部分）は，脳のもっとも前方の前頭前野の部分（額の裏側）に比較的限定されていた。統合失調症の人は，頭頂葉（耳より上の脳の上半分）や側頭葉（耳の裏側）の活動が，正常な活動よりも低かった。統合失調症の人とは異なり，殺人者は，頭頂葉と側頭葉の活動レベルにおいては，コントロール群と差がなかった。殺人者の1人が，全体的なパターンと一致しなかった。この男性は，長年に渡りおよそ45人の被害者を出した連続殺人犯であった。Raineとその同僚は，この男性は計画的に犯罪を行なった（そうでなければ45人目の被害者が出るずっと前に逮捕されていただろう）のであり，よって，計画や予見という前頭前野の正常な活動を必要としていたと推測した。Raine, Buchsbaum, and LaCasse（1997）は，PETスキャンによるこの知見を，およそ2倍の人数の，殺人者群とコントロール群を用いて追試した。彼らは，前頭前野の活動レベルの低下を再び見いだしたうえで，攻撃性に関係している脳の構造のより深い部分における活動レベルの異常も明らかにした。

　なぜ，殺人者の前頭前野の糖代謝は弱いのだろうか。ひとつの可能性は，前頭前野の神経細胞自体が異なっているというものである。おそらく殺人者の神経細胞は，糖を効率よく代謝できないのだろう。もうひとつの仮説は，前頭前野に糖を取り込む神経細胞が少ないために，他の脳部と比べて前頭前野の糖代謝が低いというものである。Raineとその同僚は，MRIによる研究を行ない，犯罪性向をもつ人はコントロール群と脳の構造において異なっているという2番目の仮説に対する支持を見いだした。

　このMRIによる研究では，Raineとその同僚は，ロサンゼルスの人材派遣会社を通して参加者を募った（Raine et al., 2000）。その求職者たちの中には，精神医学的面接および自己申告暴力尺度に基づいて反社会性人格障害（antisocial personality disorder）すなわちAPDと診断された者もいた。Raineらは，彼ら以外の求職者によって3つのコントロール群を構成した。薬物使用や精神病をもたない正常なコントロール群，違法薬物やアルコールの濫用はしている

第4章 体は語る？ 生物学的特徴と犯罪性向

が反社会的ではない薬物使用コントロール群（Raine は，APD 群における脳異常が薬物濫用によって引き起こされた可能性を排除しようと考え，APD 群における物質濫用の頻度の高さに対処するため，このコントロール群を設けた）。そして，その他の精神障害と診断された人たちで構成された第3のコントロール群である。この研究は，刑務所に収容されていない犯罪者サンプルを用いた初めての脳イメージング研究であり，MRI 装置で参加者全員をスキャンした。

図 4.4 は，Raine の MRI 装置で分析された脳断面（brain slice）のひとつである。頭蓋骨の輪郭の内側に脳をはっきりと見ることができる。脳の表面にある灰白質の薄い層が，白質の大きな層を取り囲んでいる。灰白層は神経細胞体から成り，白い部分は電線のように信号を脳の他の部分と体に運ぶ，神経細胞に発する軸索から成る。MRI による発見は，きわめて明確であった。APD（反社会性人格障害）群は，3つのコントロール群のいずれよりも前頭前野の灰白質が少なかったのである。一方，前頭前野の白質の量については，3つのコントロール群と違いがなかった。正常なコントロール群と比べ APD 群の灰白質量は 11% 少なかった。この構造上の違いは，おおざっぱな放射線検査では観察されないほど微妙な量——わずか 0.5 ミリメートルの厚さの違い——だが，それでもなお十分な統計的効果である。脳全体の大きさに対する前頭前野の灰白質の量の比率と APD との相関は，−0.40 であった。

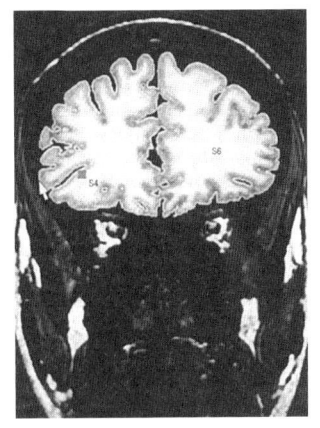

灰色部分と白色部分の量の計算のための部位の図解。灰色の部分が大脳皮質を縁取っている。隣り合う灰白質は神経細胞から構成され，白質はもっとも色が薄く，おもに神経細胞の軸索から成る。

図 4.4 前頭前皮質の冠状面
出典：Reprinted from Raine et al., 2000. Copyright © American Medical Association. Reprinted by permission.

犯罪の生物学的検査についての結論

　この短い章では，犯罪性向の生理学的検査における多くの進展の，ごく一部にしか触れることができなかった。触れることができなかったトピックには，犯罪と，脳内の（脳電図で測定される）電気的活動，脳誘発電位（brain evoked potentials），コルチゾール（cortisol）などの尺度との関係がある（Fishbein et al. 1989; Susman, Dorn, and Chrousos 1991; Rain 1993 のレビューも参照）。

　犯罪の生物学的な基礎についての，これらの業績は，19世紀の骨相学者の業績とは異なっている。19世紀の骨相学者たちは，犯罪者を紛れなく識別し一般人から区別するのに利用できる，顕著な身体的兆候を追い求めていた。彼らは大きなあごや頭蓋骨の出っ張りといった，人を絶対に犯罪者であると分類できるような身体的特徴に関心を向けていた。こうして選ばれた犯罪性の身体的指標（criminal markers）は，結局のところ犯罪性向とは関係していないことが明らかになった。本章で登場した生物学志向の科学者たちは，骨相学者たちの目標が非現実的なものであったことをためらいなく認めるだろう。犯罪者の心，そしてその仕組みは，正常な遵法的な人たちの心との連続体に位置する。犯罪者ではない人の中にも，安静時の心拍数が少ない，手に汗をかかない，前頭前野の灰白質が薄いなどの犯罪性向の生物学的指標をもつ人がいる。生物学的検査をひとつだけ用いても，犯罪性向がある人の識別は，うまくいかない可能性が高い。生物学的尺度を組み合わせることで識別は改善できるが，それでもまだ不完全である。Raine とその同僚（2000）は，MRI を用いた研究において，参加者の安静時の心拍数と皮膚伝導のレベルも検査した。その結果，反社会性人格障害であるかどうかを 77％ の正確さで予測できた。当て推量（50％）に比べ，27％ の改善である。

　骨相学者が望んでいたよりは低いが，これほど正確であれば，生物学的検査による大きな達成であるといえる。生物学的検査は，個人の環境条件の尺度のうちもっとも優れた尺度とおよそ同じくらいの精度（相関にして .20〜.40）で犯罪性向を予測する。実際，生物学的検査は，社会階級などのいくつかの環境

的指標よりもずっと成績がよい。生物学的尺度と社会的尺度を組み合わせれば，誰が犯罪者になるリスクがあるかという理解はさらに改善するだろう。

しかし，生物学的研究のさらに興味をそそる成果は，犯罪性向に関与している生物学的欠点をひとつ，実際に特定していることである。その欠点は，前頭前野の機能障害にあるように思われる。この結論は，Damasio の脳卒中患者，Raine の脳イメージング，Barkley の多動性の理論，皮膚伝導と心拍数などに関する知見と一致している。おそらく，19世紀の骨相学者たちは，ある意味では正しかった。前頭前野が大きくなったことは，ホモサピエンスと，私たちの進化上の遠い親戚であるチンパンジーとの，もっとも顕著な構造上の差異のひとつである。前頭前野は，他者の心の認識――他者もまた，私たちのことを考えている存在であるという認識――を形成しており，他者の必要と関心に応じて，私たちの行動を調節させることを可能にしている。また，前頭前野は，計画を立てること，将来のよりよい結果を得るために現在の魅惑的な衝動を遅延させること，たったひとつの選択肢に代わる多くの行動選択を評価することといった，実行機能（executive functions）の生理学的な土台でもある。19世紀の骨相学者たちは，ほぼ正しかったともいえる。犯罪性向において損なわれているのは，私たちを人間として特徴づけている，こういった心の能力だからである。

推薦文献

Raine, A. (1993). *The Psychopathology of Crime*. New York: Academic Press. この本は，生物学と犯罪を学んでいるどの学生の本棚にも入っている。Raine は，犯罪行動は，司法介入ではなく医療介入が必要な，医学的な障害であるという議論を展開している。また，身体の仕組みと犯罪の関連に関する研究のレビューも十二分に行なっている。

参照文献

Anderson, S. W., A. Bechara, H. Damasio, D. Tranel, and A. R. Damasio. (1999). Impairment of Social and Moral Behavior Related to Early Damage in Human Prefrontal Cortex. *Nature Neuroscience*, **2**, 1032-1037.

Asberg, M. (1997). Neurotransmitters and Suicidal Behavior: The Evidence From Cerebrospinal Fluid Studies. *Annuals of the New York Academy of Sciences*, **836** (Dec. 29), 158-181.

Barkley, R. A. (1997). *ADHD and the Nature of Self-control*. New York: Guilford Press.

Bernhardt, P. C., J. M. Dabbs, Jr., J. A. Fielden, and C. D. Lutter. (1998). Testosterone Changes During Vicarious Experiences of Winning and Losing Among Fans at Sporting Events. *Psyiology and Behavior*, 65, 59-62.

Booth, A. and D. W. Osgood. (1993). The Influence of Testosterone on Deviance in Adulthood: Asessing and Explaining the Relationship. *Criminology*, 31, 93-117.

Cleveland, H. H. (1998). *Sexual Coercion: Evolutionary Approaches and Peer Group Context*. Unpublished dissertation, University of Arizona.

Dabbs, J. M., Jr., B. C. Campbell, B. A. Gladue, A. R. Midgley, M. A. Navarro, G. Read, E. J. Susman, L. M. Swenkels, and C. M. Worthman. (1995). Reliability of Salivary Testosterone Measurements: A Multicenter Evaluation. *Clinical Chemistry*, 41, 1581-1584.

Dabbs, J. M., Jr. and A. Mallinger. (1999). High Testosterone Levels Predict Low Voice Pitch Among Men. *Personality and Individual Differences*, 27, 801-804.

Dabbs, J. M., Jr. and S. Mohammed. (1992). Male and Female Salivary Testosterone Concentrations Before and After Sexual Activity. *Physiology and Behavior*, 52, 195-197.

Dabbs, J. M., Jr. and R. Morris. (1990). Testosterone, Social Class, and Antisocial Behavior in a Sample of 4,462 Men. *Psychological Science*, 1, 209-211.

Eysenck, H. J. and G. H. Gudjonsson. (1989). *The Causes and Cures of Criminality*. New York: Plenum.

Farrington, D. P. (1997). The Relationship Between Low Resting Heart Rate and Violence. In A. Raine, P. A. Brennan, D. P. Farrington, and S. A. Mednick (eds.), *Biosocial Bases of Violence*. (pp. 158-183). New York: Plenum.

Fishbein, D. H., R. I. Herning, W. B. Pickworth, C. A. Haertzen, J. E. Hickey, and J. H. Jaffe. (1989). EEG and Brainstem Auditory Evoked Response Potentials in Adult Male Drug Abusers With Self-reported Histories of Aggressive Behavior. *Biological Psychiatry*, 26, 595-611.

Fuller, R. W. (1996). The Influence of Fluoxetine on Aggressive Behavior. *Neuropsychopharmacology*, 14, 77-81.

Harris, J. A., P. A. Venon, and D. I. Boomsma. (1998). The Heritability of Testosterone: A Study of Dutch Adolescent Twins and Their Parents. *Behavior Genetics*, 28, 167-171.

Jacobson, K. C. and D. C. Rowe. (2000). Nature, Nurture, and the Development of Criminality. In J. F. Sheley (ed.), *Criminology: A Contemporary Handbook*. 3rd ed., pp. 323-347. New York: Wadsworth.

Kramer, P. D. (1997). Listening to Prozac. New York, NY: Penguin Books. ［ピーター・D・クレイマー　堀たほ子（訳）　渋谷直樹（監修）　驚異の脳内薬品──鬱に勝つ「超」特効薬　同朋社（1997）］

Moffitt, T. E., G. L. Brammer, A. Caspi, J. P. Fawcett, M. Raleigh, A. Yuwiler, and P. Silva. (1998). Whole Blood Serotonin Relates to Violence in an Epidemiological Study. *Biological Psychiatry*, 43, 446-457.

第4章 体は語る？ 生物学的特徴と犯罪性向

Newman, J. P., D. Kosson, and C. M. Patterson. (1992). Delay of Gratification in Psychopathic and Nonpsyhopathic Offenders. *Journal of Abnormal Psychology*, **101**, 630-636.

Raine, A. (1993). *The Psychopathology of Crime: Criminal Behavior as a Clinical Disorder*. New York: Academic Press.

Raine, A., M. Buchsbaum, and L. LaCasse. (1997). Brain Abnormalities in Murders Indicated by Positron Emission Tomography. *Biological Psychiatry*, **42**, 495-508.

Raine, A., M. S. Buchsbaum, J. Stanley, S. Lottenberg, L. Abel, and S. Stoddard. (1993). Selective Reductions in Prefrontal Glucose Metabolism in Murders. *Biological Psychiatry*, **36**, 365-373.

Raine, A., T. Lencz, S. Bihrle, L. LaCasse, and P. Colletti. (2000). Reduced Prefrontal Gray Matter Volume and Reduced Autonomic Activity in Antisocial Personality Disorder. *Archives of General Psychiatry*, **57**, 119-127.

Raine, A., C. Reynolds, P. H. Venables, and S. A. Mednick. (1997). Biosocial Bases of Aggressive Behavior in Childhood: Resting Heart Rate, Skin Conductance Orienting, and Physique. In A. Raine, P. A. Brennan, D. P. Farrington, and S. A. Mednick (Eds.), *Biosocial Bases of Violence*. pp. 107-126. New York: Prenum Press.

Raine, A., P. H. Venables, and S. A. Mednick. (1997). Low Resting Heart Rate at Age 3 Years Predisposes to Aggression at Age 11 Years: Evidence From the Mauritius Child Health Project. *Journal of the American Academy of Child and Adolescent Psychiatry*, **36**, 1457-1464.

Spoont, M. R. (1992). Modular Role of Serotonin in Neural Information Processing: Implications for Human Psychopathology. *Psychological Bulletin*, **112**, 330-350.

Susman, E. J., L. D. Dorn, and G. P. Chrousos. (1991). Negative Affect and Hormone Levels in Young Adolescents: Concurrent and Predictive Perspectives. *Journal of Youth and Adolescence*, **20**, 167-190.

第5章

犯罪遺伝子？
分子遺伝学と犯罪性向

　オランダの，かなり異常な家系に生まれた男には，突発的な暴力を振るう経歴があった。彼は，23歳のときに自分の妹を強姦して有罪判決を受けた。精神障害犯罪者のための施設に収容されたが，そこで他の被収容者とけんかをした。35歳のときに，作業を終えるように言われて，刑務所長の胸をフォークで突き刺した。同じ家系の別の男は，仕事ぶりを批判されて，彼が働いていた障害者の授産所（sheltered workshop）の上司を車でひき殺そうとした。この病んだ家系の別の男は，自分の姉妹にナイフを突きつけて無理やり服を脱がせた。この家系の2人の男は放火犯として知られていた。言うまでもないが，この家系の10代の女の子たちは，家に自分たちと男の兄弟しかいないときには安心することができなかった。

　遺伝学者Brunnerは，このオランダ人家系の6世代の家系図を描き（Brunner et al., 1991），男性だけが突発的な暴力と軽度の精神遅滞を患っており，女性は正常であることを見いだした。このような遺伝のパターンは，男性の赤色盲目（red color blindness）と同じように，X染色体上に存在する伴性遺伝子（sex-linked gene）の関与を示唆している。遺伝子連鎖分析（genetic linkage analysis）と呼ばれる技法を用いて，Brunnerは，遺伝子の所在を，X染色体の特定部分へと絞り込んでいった。研究を進め，彼は，この遺伝子を

突き止めた（Brunner et al., 1993）。彼の発見した遺伝子は，MAOA（monoamine oxidase A：モノアミン酸化酵素A）と呼ばれる酵素をコードしていた。この酵素は，神経伝達物質のセロトニン（4章を参照）とノルエピネフリンを副生成物へと分解するはたらきをしており，その後，副生成物は身体から排出される。この特殊なオランダ人家系では，MAOA 遺伝子の変異によってこの遺伝子が機能しておらず，酵素が生成されていなかった。この家族の男たちが死なずに生まれてきたことから，別の生化学的なプロセスが MAOA の欠損を補っていたことは明らかだが，酵素が生成されていなかったため，彼らの知的能力と暴力をふるう傾向は決定的に影響を受けた。

このような発見を知り，大衆紙の記者には，遺伝的影響を過度に強調するようになった者もいた。Brunner による発見直後，新聞各紙は，「犯罪遺伝子（gene for crime）」の発見を高らかに報じたが，報道は，MAOA の損傷が遵法性だけでなく思考にも打撃を与えているという事実を無視していた。さらに言えば，今日までにこの遺伝子異常が発見されているのはこのオランダ人家系だけであり，つまり非常にまれな異常であることを意味している。このひとつの遺伝子は，このひとつの家系における犯罪の原因を説明できるかもしれないが，大部分の家族における犯罪の原因は説明できない。

Robert Plomin（1994）は，このような遺伝子異常に対して，「One Gene, One Disease（ひとつの遺伝子がひとつの病気を生む）」というフレーズの頭文字で，OGOD という記憶しやすい略語を作った。文字どおりの単一遺伝子疾患（single-gene disorders）は数百もあり，PTC（フェニルチオカルバニド）と呼ばれる苦味物質の味が分かる能力のように，OGOD ではあるものの異常ではない特性もある。ひとつの遺伝子の変化によって決定される疾患に対する影響よりも，複雑な特性に対する複数の遺伝子の影響は，ずっと微妙で，交互作用している。ひとつの遺伝子が犯罪性向にどのように影響を与えうるかを述べるために，まずは少し回り道をして遺伝子の生物学の基礎から始める必要がある。

第5章　犯罪遺伝子？　分子遺伝学と犯罪性向

分子遺伝学への導入

　TV番組や高校の生物学の授業を通じ，ほとんどの人は，生命の化学暗号であるデオキシリボ核酸（deoxyribonucleic acid: DNA）や遺伝子について，少しは聞いたことがあるだろう。1本の染色体はたったひとつのDNA分子で，DNAは二重らせん構造をしている。DNAの外側は化学物質から成る骨格（バックボーン）構造で，内側には4つの塩基，アデニン（adenine: A），チミン（thymine: T），グアニン（guanine: G），シトシン（cytosine: C）がある。これらの塩基は，ポケットを留めるマジックテープのように，2つずつお互いに結合している。つまり，丸い文字のGとCで表される2つの塩基はお互いに結合しており，直線的な文字のTとAで表される2つの塩基も同様にお互いに結合している。図5.1は，DNA分子全体のうちのごく一部だけを図示したものである。

　遺伝子は，DNA分子上の一連の塩基に過ぎない。ATCTTGAGGGCTTATというような一連の塩基が，遺伝子の一部である。もちろん，ほとんどの遺伝子はたった15個の塩基の連鎖よりも長い。典型的な遺伝子のコーディング領域（coding region）——つまり，たんぱく質になる部分——は，平均1,200個の塩基長である。上記の塩基の文字列にあるATCのように，3つの隣り合う塩基によってアミノ酸をコードしている。自然界には20種類のアミノ酸があり，ほぼすべてのたんぱく質の構成要素となっている。要は，遺伝子は身体に対し，どのアミノ酸がどのアミノ酸とつながることでひとつのたんぱく質となるかを指示している。アミノ酸を，色が異なるレゴ・ブロックであると考えよう。遺伝子の文字列はたんぱく質を作るために，3文字ごとにどのレゴ・ブ

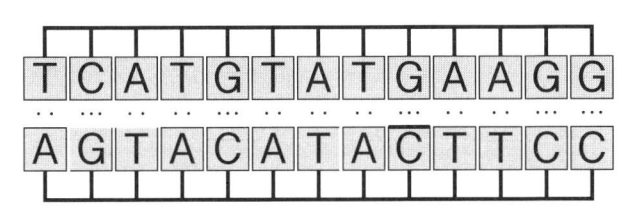

図5.1　DNA分子の二本鎖構造

ロック（つまり，どのアミノ酸）を選んで組み合わせるのかを身体に教えている。遺伝子には必ず，塩基列の意味をどこから読みとり始めるのかが分かるように，「読み枠（reading frame）」がある。たとえば，文字列の最初から読み始めると，ATC，TTG，AGG…と読むことになるが，最初のAを無視すると，TCT，TGA，GGG…と読むことになる。遺伝子読み取り装置は，遺伝子は常にTACという3文字の組合せから始まるという事実を用いている。遺伝子配列には，遺伝子がどこから始まってどこで終わるのかを示すのに役立っている，これとは別のサインも存在している。

　ほとんどの高等生物の遺伝子構造は，一層複雑である。アミノ酸をコードしている遺伝子部分は，何もコードしていない塩基列によって分断されている。コードしている部分を**エキソン**[*14]，コードしていない部分を**イントロン**[*15]と呼ぶ。このため，人間のほとんどの遺伝子は1,200個の塩基よりずっと長い。

　身体のほとんどすべての構造的・化学的機能は，骨にあるカルシウムを除き，たんぱく質によって果たされている。卵白の主要成分のたんぱく質アルブミン（albumin）や筋肉を動かすたんぱく質ミオシン（myosin），血中で酸素を運ぶたんぱく質ヘモグロビン（hemoglobin）のことを聞いたことがあるだろう。化学反応に関与しているたんぱく質もある。酵素たんぱく質は体内の物質間の化学反応に触媒作用を及ぼし，化学反応が体温で適当な速さで進行するよう調整している。細胞の核に入り込んでDNAと結合できるため，調節たんぱく質（regulatory proteins）と呼ばれるたんぱく質もある。調節たんぱく質はDNA上に居座ることで他の遺伝子をオンにしたりオフにしたりできるため，大きな影響力をもつ。オーケストラの指揮者が，チェロをバイオリンやホルンと合わせ，多くのオーケストラ奏者たちの音楽を協調させるように，多くの遺伝子の作用をコントロールしているのだ。したがって，調節たんぱく質を生み出す遺伝子が発達に対して与える影響は非常に強い。このような遺伝子がショウジョウバエに異常な発現をしてしまうと，不運なショウジョウバエは，羽に余分な眼ができてしまう。眼は，数百もの遺伝子が一緒に作用することによってでき

[*訳注14] 最終的にたんぱく質またはRNAとして発現する遺伝子中のポリヌクレオチド配列（広辞苑）。
[*訳注15] 遺伝子中でエキソンの間に介在していて，その遺伝子の最終産物として発現しないポリヌクレオチド配列（広辞苑）。

第5章　犯罪遺伝子？　分子遺伝学と犯罪性向

る。調節遺伝子のせいで，身体の間違った部位にあるこれらの眼を造る遺伝子（eye-creation genes）のスイッチが入ってしまうのである。

> ### Column 5.1　遺伝子からたんぱく質へ
>
> 　分子生物学の中心的教義は，遺伝子はたんぱく質のコード（暗号）であるというものである。図5.2aと図5.2bは，この過程を例示している。この過程には，2つの段階がある。最初のステップは，**転写**（transcription）と呼ばれている。この段階では遺伝子を，DNAに似てはいるが，2本のバックボーンがあるDNAのような2本鎖の分子ではなく，1本鎖（single stranded）の分子にコピーする。細胞が，貴重なDNAを代謝プロセスで使わないほうがおそらく安全であるため，あたかも，コンピュータのAドライブ上にDNAのコピーのバックアップをとっているかのようである。この，1本鎖の，リボ核酸（RNA）と呼ばれる情報運搬分子は，細胞の核の外側に出て細胞質へと移動する。（イントロンのような）DNAのコードをもたない個所をコピーした部分のRNAは，本の編集者が不必要な一節を削除するのと同じように取り除かれる。図5.2では，DNA分子は，4つの塩基を示す色のついた正方形で表され，RNA分子は白の正方形で表されている。DNAのチミン（T）は，RNAではウラシル（U）に入れ替わっているので，DNAとRNAのコードは若干異なっている。RNA分子が，1本だけの塩基鎖であることに注意されたい。
>
> 　この過程の第2の段階である**翻訳**（translation）は，細胞内の構造で，たんぱく質を作り出す場であるリボソーム上で生じる。この段階は，図5.2bに示されている。RNA（ここではメッセンジャーRNA（mRNA）と呼ばれる）の3つの塩基の各組が，20種のアミノ酸のうちのひとつ，あるいは，たんぱく質が完成したことを示すストップ信号に対応している。図5.2b中では，たんぱく質の最初の2つのアミノ酸――ひとつは，*met*（メチオニン：methionine），もうひとつは*tyr*（チロシン：tyrosine）――が組み立て済みである。3つ目のアミノ酸は，*glu*（グルタミン酸塩：glutamate）で，成長中のたんぱく質につけ加えられているところである。これらのアミノ酸は，色とりどりのレゴ・ブロックが組み合わされるように，成長鎖を形成し，お互いに化学的に結合している。平均的なたんぱく質は，およそ1,200個のアミノ酸を含んでいるため，図5.2は，たんぱく質のごく一部だけを示している。たんぱく質は完成すると，リボソームから離れ，細胞内で機能的な役割を獲得する。

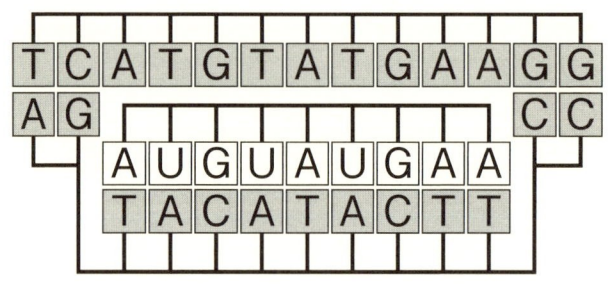

```
 ┌─┬─┬─┬─┬─┬─┬─┬─┬─┬─┬─┬─┐
 │T│C│A│T│G│T│A│T│G│A│A│G│G
 │A│G│ │ │ │ │ │ │ │ │ │ │C│C
   └─┬─┬─┬─┬─┬─┬─┬─┬─┬─┘
     │A│U│G│U│A│U│G│A│A│
     │T│A│C│A│T│A│C│T│T│
     └─┴─┴─┴─┴─┴─┴─┴─┴─┘
```

図5.2a　メッセンジャーRNAにコピーされたDNA分子の片側
出典：Scott Rowe

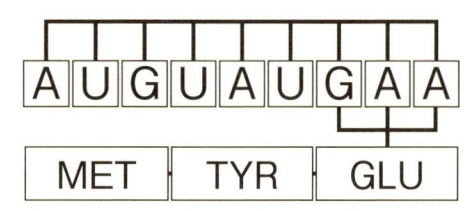

```
┌─┬─┬─┬─┬─┬─┬─┬─┬─┐
│A│U│G│U│A│U│G│A│A│
└─┴─┴─┴─┴─┴─┴─┴─┴─┘
  │ MET │ TYR │ GLU │
```

図5.2b　成長するたんぱく質のアミノ酸へと，翻訳されるmRNA
出典：Scott Rowe

遺伝子レベルの差異

　第2章で，私は，行動遺伝学の方法論をいくつか紹介した。行動遺伝学という分野は，遺伝的差異の個体差に焦点を当てている。第2章の記述は，遺伝子のどこかに差異がありその差異が行動に影響を与えうるといった，そのような遺伝的差異の正確な構造について相当に漠然としたものであった。

　分子遺伝学者のおかげで，今や私たちは，遺伝子レベルの差異について詳細に理解できるようになった。遺伝子の変異型（variants）は，**対立遺伝子**（alleles）と呼ばれ，珍しい対立遺伝子（rarer allele）の頻度が1％以上で，一般的な対立遺伝子（common allele）の頻度が99％以下のとき，遺伝子は**多型**（polymorphic）（polyは「多い」，morphicは「型」という意味）と呼ばれる。たとえば，200個の遺伝子を数えたところ，10個の遺伝子が対立遺伝子A1であり，残り190個の遺伝子が対立遺伝子A2であったら，遺伝子は多型である。

　遺伝子レベルで，一般的な変異型には，いくつかのタイプが存在する。ひと

第5章 犯罪遺伝子？ 分子遺伝学と犯罪性向

つは，**一塩基多型**（single nucleotide polymorphism）あるいは SNP と呼ばれるタイプである。この変異型は，ひとつの塩基の変異によって生じる。たとえば，T が G に，C が A に変化したものである。たとえば，ジョーの遺伝子配列の一部を想像してみよう。一方の配列は彼の母親から受け継いだ染色体上にあり，もう一方の配列は父親から受け継いだ染色体上にある。

　　　　母親からの遺伝子　　　　　TTTAGCCATGTTACG
　　　　父親からの遺伝子　　　　　TTTAGCAATGTTACG

　母親からの遺伝子に，CAT と綴られた 3 文字がある。父親からの遺伝子では，塩基対の CAT という綴りが C から A への変化により崩れ，代わりに AAT という綴りになっている。この遺伝子領域がたんぱく質をコードしているのなら，この綴りの変異によって，アミノ酸はヒスチジンではなくアスパラギンになる。このような変異は，大したことではないと思われるかもしれないが，父親の染色体によって作られたたんぱく質が機能しないことを意味する。いくつかの珍しい遺伝子では，実際，（遺伝的刷り込み［genomic imprinting］と呼ばれる片方の親から受け継いだ遺伝子をオフにする方法によって）父親（ないし母親）から受け継いだ遺伝子のコピーだけがたんぱく質を作っている。この場合，塩基の変異がたんぱく質の生産を止めてしまうと，深刻な病気が生じる可能性がある。実例をあげると，APOE 遺伝子の E4 と呼ばれる対立遺伝子は，アルツハイマー病のリスクを高める。E4 対立遺伝子と，より一般的で病気になりにくい E3 対立遺伝子との違いは，遺伝子の 134 番目の塩基が，E3 ではアデニン（A）のところ，E4 ではグアニン（G）へと変異していることである（Ridley, 1999: 263）。この置換で変わるのは，たったひとつのアミノ酸である（遺伝子の非コード領域部分の SNP は，どのくらいの量のたんぱく質を作るかという機能に影響するが，そのメカニズムについては詳述しない）。

　ビルは，ジョーとは異なる遺伝的構成をもっているかもしれない。ジョーはヘテロ（異型）接合（heterozygous：2 つの異なる対立遺伝子をもつ）だが，ビルはうまく機能しない AAT 対立遺伝子の，ホモ（同型）接合（homozygous：2 つの同一の対立遺伝子をもつ）で，次のような遺伝子型をもっているかもしれない。

母親からの遺伝子　　　　　TTTAGCAATGTTACG
父親からの遺伝子　　　　　TTTAGCAATGTTACG

不利な遺伝子のコピーを2つもっているので，ビルは身体障害で苦しむ可能性がある。

もう1種類の多型は，DNA塩基の反復である。反復の一種は，**短鎖縦列反復配列**（short-tandem repeat）あるいはSTRと呼ばれる。普通，STRは，ほんの数塩基対の長さであり，長さとして多いのは2～4塩基対である。したがって，STRをもつ対立遺伝子は，他の対立遺伝子よりも物理的にわずかに長くなる。ただし，染色体は数百万の塩基長があるから，この程度の長さの差は，染色体全体として見ればほとんど問題ではない。こちらは塩基が20個多くて，そちらは塩基が10個少なくても，染色体全体の大きさからしたら目立たない。

CAG反復（リピート）は，確実に死に到る深刻な神経疾患であるハンチントン病を引き起こすことで知られている（Ridley, 1999: 55）。ハンチントン病の患者は，35回以上，時には100回のCAG反復をもつが，正常な人の多くは，10～15回の反復数である。CAG反復は，ハンチントン病遺伝子のコーディング領域に存在する。つまり，病気に罹っていない人は約15回同じアミノ酸が繰り返された連鎖をもつが，患者はずっと多くの回数，同じアミノ酸が繰り返された連鎖をもつ。ハンチントン病は優性である。なぜなら多すぎるCAG反復をもつ，単一の「悪性の」対立遺伝子があるだけで，重症のハンチントン病を患ってしまうからである。反復数の差のすべてが，ハンチントン病の例のように極端に大きいわけではない。以下の例では，一方の対立遺伝子は反復数8回の塩基配列をもち，もう一方の対立遺伝子は反復数7回の塩基配列をもつ。

母親からの遺伝子　AGCCAGCAGCAGCAGCAGCAGCAGTTC
　　　　　　　　　（反復数8回）
父親からの遺伝子　AGCCAGCAGCAGCAGCAGCAGCAGTTC
　　　　　　　　　（反復数7回）

反復の長さが，数塩基より長いこともある。精神科遺伝学において広範に調べられている遺伝子，ドーパミンD4受容体遺伝子には，48塩基対を単位とする反復がある。別の遺伝子，ドーパミントランスポーター遺伝子には，40塩基対を単位とする反復がある。これらの長い反復で構成される多型は，VNTR

Column 5.2 法医学的分析 (Forensic Analysis)

　マイアミで，強姦の容疑者が歩道に唾を吐いた。彼を追跡していた警官は，吸収剤でその唾液を採取した。サンプルは鑑定室に送られ，採取された唾液に含まれた頬の細胞から DNA を抽出した。犯罪者の唾液中の DNA と強姦被害者から発見された精液のサンプルから得られた DNA に一致がみられ，容疑者の速やかな逮捕につながった。

　DNA による法医学的分析は，犯罪の嫌疑をかけられた無実の人たちを除外して，犯罪者を特定する。法医学的分析は指紋鑑定から始まった。最初の行動遺伝学者である Francis Galton（1章を参照）の発見は，指紋は，1人として同じではないということである。犯行現場で「逮捕した」指紋が，特定の人物の指紋と一致するとき，それは，その人物が犯人であるという最良の証拠である。指紋鑑定は，100 年以上にわたり，法医学的犯罪捜査の主要な道具であった。

　法医学的 DNA 分析は，1990 年代に犯罪捜査学（criminalistics）に加わった。そのおもな方法は，犯行現場で採取した血液や唾液のサンプルについて，短鎖縦列反復配列（STR）多型を特定するための遺伝子型解析を行ない，結果を被疑者から得たサンプルと比較するというものである。STR 多型には，普通 5 ～15 個の異なる反復数の対立遺伝子がある。よって，いくつかの遺伝子（STR マーカー）のすべてについて，まったく同じ遺伝子型（STR 多型）をもっている人は 2 人としていないだろう。したがって，3 つの STR マーカーについて，現場から採取した血液と被疑者が，それぞれ以下の遺伝子型をもっていたら，被疑者は犯人ではないだろう。

STR マーカー	犯行現場の血液の遺伝子型	被疑者の遺伝子型
1	A12A13	A1A6
2	A3A5	A7A5
3	A3A7	A9A14

　しかし，すべての STR マーカーの遺伝子型が同じであれば，犯行現場と被疑者のサンプルが一致することになる。STR は変異性が高いため，この一致が偶然によって生じることは「ありそうもない」あるいは「ほとんどありえない」。同じ指紋をもつ人が 2 人いないように，STR 遺伝子マーカーは 1 人ひとり異なっている。

(variable number tandem repeats：長さがさまざまな縦列反復配列）と呼ばれることがある。

遺伝子の非コーディング領域にある反復配列多型は，ひとつの遺伝子からどのくらいの量のたんぱく質が作られるのかに関する決定など，遺伝子の機能に影響を与えているように思われる（Comings, 1998)。また，STRは，遺伝子マーカーとして法医学的分析にも利用されている。

遺伝子と行動特性の決定

遺伝子と行動の間には興味深い因果的非対称がある。行動は，遺伝子のオン・オフや遺伝子の作用レベルといった，遺伝子の発現に影響を与えうる。蚊は，血の食事を取ると，内蔵の遺伝子がオンになり，血を消化するたんぱく質を作り出すために活性化する。心理的ストレスはコルチゾールという遺伝子発現を制御するホルモンの水準を高めることで，遺伝子発現を変化させうる。したがって，遺伝的に生じていることは環境に依存しているし，遺伝子が行なうことも（お腹を空かせた蚊が外へ出かけて，犠牲者を探すときのように）環境に影響を与えている。

にもかかわらず，環境的なできごとは，（放射線による突然変異のようなきわめてまれな場合は除き）遺伝子の DNA 配列を変化させないという不思議な非対称性がある。蚊の食事である血液は，消化されている際に活性化している遺伝子の DNA 配列を変化させることはない。この事実には２つの意味がある。第1は，遺伝はラマルク説（Lamarchian）どおりではないということである。18世紀の博物学者 Jean de Lamarck は，獲得形質（acquired characteristics）は遺伝可能であるという誤った理論を立てた。具体的に言えば，ジムで鍛えれば筋肉組織内の遺伝子は活性化するが，自分の娘や息子が生まれたときから強靭さを獲得するうえで遺伝的に有利になるわけではない。第2は，遺伝から社会的環境へという因果関係の向きのほうが，その逆の向きよりも確からしいということである。たとえば特定の遺伝子について，反復数7回の対立遺伝子をもつ少年のほうが，反復数5回の対立遺伝子をもつ少年よりも，非行を行なう

友人とたむろしていることが多いことが発見されたとしたら，対立遺伝子が非行を行なう友人を選ぶ傾向を形成していると考えるほうが，その逆だと考えるよりももっともらしい。非行を行なう友人とたむろしていても，遺伝子の反復数が5回から7回に変わることはないだろう。

行動特性に関する遺伝子の発見方法

　行動特性に関係している遺伝子を特定するために，よく用いられる方法がいくつかある。ここでは，それらの方法を手短かに説明する。さらに詳細な議論については，推薦文献を読んでいただきたい。

遺伝子連鎖分析

　遺伝子連鎖分析（genetic linkage analysis）では，障害表現型（disorder phenotype）をもつ家系に沿って，単一遺伝子を追う（Ott, 1999）。たとえば，ある拡大家族において，息子3人，親1人，祖父母1人が注意欠陥多動性障害（ADHD）と診断され，彼らの15番染色体上の遺伝子が，反復数8回の対立遺伝子であることが分かったとしよう。甥の1人はADHDだが，反復数5回の対立遺伝子を受け継いでいたとしよう。この状況は，反復数8回の対立遺伝子がADHDに「連鎖している（linked）」ことの，かなり良質のエビデンスである。ただし，甥はADHDだが，反復数8回ではなく反復数5回の対立遺伝子をもつので，この連鎖は不完全である。15番染色体上の，このSTR遺伝子マーカーのそばに，子どもをADHDになりやすくするもうひとつのDNA変異が存在しているというのが結論である。

　大衆向け新聞の記事は，このような遺伝的連鎖の発見を誤って解釈することが多い。1990年代の初めに，X染色体上の複数のSTR遺伝子マーカーと同性愛の連鎖が報告され，大衆紙はこの連鎖を，「同性愛遺伝子（a gene for homosexuality）」と呼んだ（Hamer et al., 1993）。仮にこの遺伝的連鎖が（まだ結論は出ていないが）正しいとしても，この連鎖によって同性愛を引き起こす遺伝子が特定できるわけではない。なぜなら，連鎖分析によって特定できるの

は，そのような遺伝子が存在する可能性があるX染色体上の**領域**だけだからである。

遺伝子関連分析

遺伝子関連分析（genetic association analysis）は，表現型に直接影響を与えていると想定される候補遺伝子（candidate genes）を用いて行なわれるのが普通である（Owen, Cardno, and O'Donovan, 2000）。精神医学におけるほとんどの候補遺伝子は，神経伝達物質を阻害する，あるいは促進する薬物の作用に関する研究から分かってきた。セロトニンのような多くの神経伝達物質分子や，神経伝達物質が結合する受容体たんぱく質（receptor proteins），シナプスにおいて神経伝達物質を制御する輸送たんぱく質（transporter proteins）などが，こうした生物学的経路に関与する遺伝子を，行動研究のおもな候補遺伝子としたことで知られている。

遺伝子関連分析のロジックは，ある特徴をもつ人ともたない人の遺伝子型の単純な比較である。たとえば，犯罪歴がある100人の男性と，同様の人種集団で同様の社会経済的水準にある，犯罪歴がない100人のコントロール群の男性を比較する研究である。犯罪歴がない男性よりも犯罪歴がある男性のほうに，ある対立遺伝子がより多くみられれば，遺伝子関連が存在する。1人の男性は，（母親と父親から1つずつ受け継いだ）遺伝子のコピーを2つもっている。したがって，100人の男性には200個の対立遺伝子（遺伝子のコピー）がある。TがCに変異するSNPマーカーを見つけたとしよう。Tをもつ遺伝子を対立遺伝子A1と呼び，Cをもつ遺伝子を対立遺伝子A2と呼ぶ。表5.1に示す結果を得たとしよう。対立遺伝子A2は，犯罪者で73回，コントロール（非犯罪者）で44回生じている。つまり，これらの数字は遺伝子関連の存在を示し

表5.1 候補遺伝子と犯罪行動の間の関連の想定例

対立遺伝子	犯罪者の男性の対立遺伝子数	コントロール群の男性の対立遺伝子数
A1（T）	127	156
A2（C）	73	44
対立遺伝子合計数	200	200

ている。このTからCへの変異は機能的であること（つまり，犯罪行動のリスクを高める生理学的効果があること）が望ましい（この変異には，たとえば血圧を高めるといった，犯罪行動とは無関係の身体系に対する効果もあるかもしれない）。もし，機能的でないなら，その遺伝子の真の機能的部分は，TからCへの変異が特定された場所におそらく非常に近いところにある。

　遺伝子関連分析にはひとつの落とし穴がある。研究が対象としている特徴とは無関係な遺伝子が遺伝的に受け継がれることによって，その遺伝子が一方の群よりも他方の群において多くなりうるからだ。この落とし穴は，Hamer and Sirota（2000）によって「箸遺伝子（chopsticks gene）」問題と呼ばれている。箸の使用のように，研究対象の特徴とは関連のない遺伝子が，群間で頻度が異なっていることがある。中国人は箸を使って食べるが，アイルランド人はナイフとフォークを使う。よって，中国人とアイルランド人が混ざった集団において，「箸遺伝子」は，人種によって頻度の異なるあらゆる特徴と，統計的関連を示すことになる。たとえば，赤毛は中国人よりもアイルランド人に多く，箸の使用はアイルランド人よりも中国人に多いため，赤毛の頻度は「箸遺伝子」と負の相関を示すだろう。アイルランドとイタリアというように出身地が異なるヨーロッパ人でさえ祖先は多少違い，よってアイルランド人とイタリア人の混合標本での関連分析は，遺伝子頻度における民族集団間の差異のために誤った結果を与えかねない。

　遺伝学者は，遺伝子関連分析において，このバイアスをコントロールするさまざまな手法をもつ。簡単な方法のひとつは，ケースとコントロールを民族上の系統についてマッチングすることである。つまり，ケースがアイルランド人であれば，コントロールもアイルランド人とする。もうひとつの方法は，以下のColumn 5.3で書かれているように，伝達不平衡テスト（transmission disequilibrium test）を利用する方法である。

犯罪性向に関係する特定遺伝子

　この章のはじめで強調したように，犯罪性向を引き起こすOGOD遺伝子

Column 5.3　伝達不平衡テスト

　ひとつの遺伝子の影響に関する，巧妙かつシンプルな試験方法が，伝達不平衡テスト（transmission disequilibrium test: TDT）である（Spielman and Ewens, 1996）。ある遺伝子に，2つの対立遺伝子があると仮定しよう。A1は正常な対立遺伝子で，A2は精神障害の可能性を高める対立遺伝子とする。障害，ここでは，注意欠陥多動性障害のある子どもをもつ家族をサンプルとして抽出する。実験室で，子どもとその両親の遺伝子型を検査する。両親の遺伝子型がホモ（同型）接合である家族はサンプルから除外して使用せず，少なくとも親の一方がヘテロ（異型）接合である家族をサンプルとする。父親がヘテロ接合である8家族を考えよう。つまり，この8人の父親はA1とA2の対立遺伝子をもち，母親はA1A1ホモ接合である。

ADHDの子どもの遺伝子構造

	結果1	結果2
家族1	A1A1	A1A2
家族2	A1A1	A1A2
家族3	A1A1	A1A2
家族4	A1A1	A1A2
家族5	A1A2	A1A2
家族6	A1A2	A1A2
家族7	A1A2	A1A2
家族8	A1A2	A1A1

　母親が子どもに引き継ぐことができるのは，A1遺伝子だけである。父親は，A1対立遺伝子か，あるいは障害リスクであるA2対立遺伝子を引き継ぐことができる。通常，父親がどちらの遺伝子を子どもに引き継ぐかは，コイントスのような偶然の作用である。コイントスの結果を，「結果1」に示す。父親は，半分はA1を伝えており，もう半分はA2である。コイントスの結果が，常に正確に半分が表，半分が裏にはならないのとまったく同じで，時として，A2をより少なく引き継ぐことも，より多く引き継ぐこともあるだろう。しかし，「結果2」は異例である。8回の伝達のうちの7回において，A2対立遺伝子が引き継がれている。これは，A2対立遺伝子がADHDの原因であるというエビデンスである。つまり，伝達不平衡テストは，ヘテロ接合の親から，障害のある子どもに対し，一方の対立遺伝子の過剰な伝達が行なわれているかどうかを調べるテストである。

（ひとつの遺伝子でひとつの病気を引き起こす遺伝子）は存在しない。つまり，人を必ず犯罪者にしてしまうような単一遺伝子は存在しない。むしろ，複雑な特性は，正確な数が分からないほど多数の遺伝子から微妙な影響を受けている。私たちは，これらの複雑な特徴に関係するさまざまな遺伝子を発見しつつある時代を生きているわけだが，遺伝子の発見は困難で，進歩は比較的遅い。医学の領域では，アルツハイマー病や乳がんと関連している重要な遺伝子が発見されるなど，いくつかの成功例がある（Ridley, 1999）。

犯罪性向と広い意味で関係がありそうな遺伝子がいくつか発見されてきた。この節では，これらの遺伝子を数例紹介する。ただし，この分野は日進月歩である。現在知られている遺伝子よりも強力に犯罪性向に関連していることが判明する可能性がある，新たな遺伝子が，今後発見されるだろう。現在知られている候補遺伝子のうちのいくつかは，誤った手がかりであるかもしれない。ただ，より多くの遺伝子が犯罪性向と関係していることが分かっていくことにより，遺伝子が科学的研究においてより重要な役割を果たし，新しい医療の発展に方向性を与えるであろうことは確かであると思う。

ドーパミン D4 受容体遺伝子

ドーパミンは，脳内の報酬経路（reward pathway）に関与している神経伝達物質である（Blum et al., 1996）。実験用ラットは脳の奥深くにあるドーパミン神経細胞が電気的に刺激されると，深い報酬を受けていると感じる。ラットは脳への強力な報酬を求めてレバーを押して，その電気刺激を好んで繰り返すようになり，セックスなど他の楽しい活動よりも電気報酬のほうが好きになる。人に強力な陶酔的高揚をもたらす薬物であるコカインも，脳内のドーパミン代謝にはたらきかけている。

ドーパミン経路において，盛んに研究されている遺伝子と，それに対応するたんぱく質はドーパミン D4 受容体（dopamine D4 receptor）である。このたんぱく質は神経細胞の細胞膜内に存在し，ドーパミンと結合して，神経細胞が電気信号を発生する機会を増加させる。このたんぱく質の一部は，細胞の外側に存在しており，細胞の外側では，シナプス間隙に浮遊しているドーパミンがこのたんぱく質に結合することができる。また，このたんぱく質の一部は細胞

内に存在しており，細胞内では，このたんぱく質は信号を発生する別のたんぱく質と交互作用している。細胞内では，たんぱく質は48塩基長を1反復単位として，反復数7回の長形か反復数4回の短形をとる。これらの反復は，遺伝子のコーディング領域（エキソン）のひとつに存在し，アミノ酸16個分の増減に相当する。D4受容体遺伝子にはもっと珍しいこれ以外の反復数のものもあるが，そうした例外については考察しない。

　このD4受容体遺伝子については，当初，強い新奇探索性（novelty seeking）と反復数7回の対立遺伝子の間の関連が報告されて，行動科学者の注目を集めた（Ebstein et al., 1996）。参加者は，イスラエルの大学生であった。反復数7回の対立遺伝子をもつ学生たちは，この対立遺伝子をもたない学生たちよりも人格検査において新奇探索性得点が高かった。多くの研究が，この発見を再現しようと試みてきた。再現に失敗した研究もあれば，肯定的な結果を得た研究もある。サンプリング手法や，参加者の年齢・民族性など，これらの研究には多くの相違があるため，再現がうまくいかなかった原因を正確につきとめることは難しい。再現が失敗したのは，関連が強くない——反復数7回の対立遺伝子は，新奇探索性の強力な原因というよりは，その方向への軽い一押しである——という事実を反映しているだけであるともいえる。なお，反復数7回の対立遺伝子は，乳幼児期の愛着の不安定さとも関連している（Lakatos et al., 2000）。

　行動障害の領域では，犯罪の先行要因である幼少期の注意欠陥多動性障害（ADHD）と反復数7回の対立遺伝子の関連について，かなり一貫したエビデンスがある（Faraone et al., 2001）。Faraoneとその同僚たちは，おおよそ2000年初めまでの公表・未公表の研究をすべてレビューして，ADHDの子どもたちをコントロール群の子どもたちと比較したケースコントロール研究においても，家族内研究（Column 5.3参照）においても，D4とADHDとの関連は存在していると結論づけた。ある家族内研究では（Sunohara et al., 2000），ADHDと診断された子どもに反復数7回の対立遺伝子が伝達された回数をカウントした。反復数7回の対立遺伝子がADHDの子どもに伝達されたのは75回で，伝達されなかったのは47回であった。この対立遺伝子がADHDと関連がないのなら，期待値は伝達されるのも61回，伝達されないのも61回のは

ずである。すなわち,反復数7回の対立遺伝子は,この対立遺伝子をもつヘテロ接合の親からADHDの子どもに伝達される傾向があった。反復数7回の対立遺伝子は,ADHDのリスクを高める影響を与えている。

私は,ADHDに関する実験室研究を行ない,ADHD(特に,不注意要素)と,反復数7回の対立遺伝子の関連を発見した(Rowe et al., 1998)。私の研究のサンプルは,親と子のそれぞれについてケースとコントロールの両方を含んでいる。このサンプルを用いた別の研究(Rowe et al., 2001)は,行為障害(conduct disorder: CD)に関する親による(10代の頃の)回顧的な報告を分析した(精神医学用語の使用を好まないのであれば,回顧的CD尺度を自己申告式非行尺度と考えてもよい)。母親についてはD4遺伝子と行為障害との関連は見いだされなかった。しかし,父親については関連が存在した。

父親を非行群と無非行群に分けて説明しよう。非行群はCD尺度の得点の上位者であり($n=38$),無非行群は得点の低い者である($n=79$)。反復数7回の対立遺伝子をもっているのは,非行群の男性38人のうち18人(47%),無非行群の男性79人のうち16人(20%)であった。したがって,非行群の男性は,無非行群の男性よりも,反復数7回の対立遺伝子をもっている傾向が高かった。

セロトニン遺伝子

第4章で,Terrie Moffittが行なったニュージーランドの若年成人の研究において,血小板中セロトニンのレベルの高さが犯罪行動と関連していることを紹介した。脳脊髄液中のセロトニン代謝産物のレベルの低さは,暴力や自殺と関連している。すなわち,セロトニン代謝経路の遺伝子は犯罪性向と関係している可能性がある。この考えを支持するデータが現れ始めている。セロトニンとドーパミンは,神経系において釣り合いを保つ役割を果たしているように思われる。たとえば,あるマウス研究では,ドーパミン経路の遺伝子を完全に破壊――「ノックアウト」――した。研究者によるこの技術的操作により,この遺伝子をもたないマウスたちが生まれた(Gainetdinov et al., 1999)。生まれたマウスたちは異常なほど過活動であったが,セロトニン代謝経路を刺激する薬物によっておとなしくなった。

セロトニン受容体遺伝子の HTR2A 遺伝子には，ある興味深い多型がある (Quist et al., 2000)。この多型は，コードしているアミノ酸を変化させる SNP で，ひとつの対立遺伝子はヒスチジンをコードし，もうひとつの対立遺伝子はチロシンをコードする。ADHD と診断された 42 人の子どもたちとその親の遺伝子型を調べた。チロシンをコードしている対立遺伝子が，ADHD の子どもに伝達されたのは 28 回で，伝達されなかったのは 14 回であった。偶然の影響しかないなら，期待値はそれぞれ 21 回であるので，この対立遺伝子が ADHD の原因であるように思われる。

MAOA（モノアミン酸化酵素A）遺伝子

本章は，MAOA 遺伝子の例から始まった。本章のはじめに紹介したオランダ人家系で発見された突然変異はヌル（null）突然変異と呼ばれるもので，遺伝子が機能的な MAOA たんぱく質をまったく生成できないためにそう呼ばれる。MAOA 遺伝子のもうひとつのより一般的な多型は，MAOA-uVNTR と呼ばれるもので，攻撃性や衝動性に対し，より重要な役割を果たしていると思われる。この多型は 30 塩基対の長さの反復で，2 つの一般的な対立遺伝子 A1 と A3 と，2 つの稀な対立遺伝子 A2 と A4 がある。この反復は，MAOA 遺伝子の最初のコーディング領域の実際の始点の前にある DNA 配列に見つかったプロモータと呼ばれる遺伝子の部分にある。一般的な対立遺伝子は 1 反復長あるいは 2 反復長（すなわち，30 塩基対あるいは 60 塩基対）だが，稀な対立遺伝子は 1.5 反復長あるいは 3 反復長である。プロモータ領域の反復は，遺伝子がたんぱく質にコピーされる程度を制御していることが多い。MAOA-uVNTR は X 染色体上にあるため，男性は対立遺伝子をひとつだけもつ。Y 染色体上には，この遺伝子は存在しない。

反社会的特性についての Manuck et al. (2000) の研究は，ピッツバーグ大学でコレステロールの研究に参加している男性を対象者とし，攻撃性と衝動性に関する性格検査を行なった。図 5.3 は，遺伝子型ごとの攻撃性／衝動性得点のプロットである。一般的な 2 つの対立遺伝子だけをみると，A1 をもつ男性の攻撃性／衝動性得点の平均は 47.3 で，A3 をもつ男性の平均は 51.7 であった。平均の差は，MAOA 遺伝子型（A1/A3）と攻撃性／衝動性の相関係数で

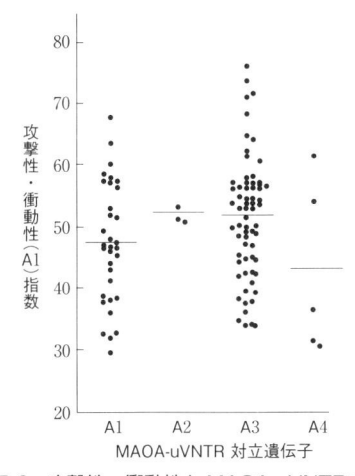

第5章 犯罪遺伝子？ 分子遺伝学と犯罪性向

図5.3 攻撃性・衝動性とMAOA-uVNTR対立遺伝子の関連

出典：Reprinted from Manuck, et al., 2000. Copyright © Psychiatry Research. Reprinted with Permission of Elsevier Science.

表すと，およそ.20に等しい。血液検査では，保護的な対立遺伝子A1をもつ男性のほうがセロトニン反応性がより高かった。すなわち，反社会的特性を低下させると思われるセロトニン作動系の機能がより高かった。

MAOA遺伝子の話題に戻ってきたが，現在，私たちはMAOA遺伝子は実際に一般母集団における犯罪性向の要因であると思われるものの，その影響力は控えめであるということを見いだしている。図5.3の男性の得点分布の重なり具合をみると，A3をもつ人には，保護的なA1をもつ人よりも攻撃性／衝動性が低い人もいる。あのオランダ人家系に精神障害を引き起こした対立遺伝子よりも，この多型に関与している対立遺伝子ははるかに一般的である。

結論：遺伝子から犯罪性向へ

「行動を引き起こす遺伝子」というフレーズは，実のところ比喩に過ぎない。

特定の行動を引き起こすような遺伝子は人間にはない。そうではなく、遺伝子は、通常はたんぱく質をコードしているに過ぎず、そのたんぱく質が多くの生理学的システムに対し、一方的あるいは双方的な影響を与えているだけである。アルツハイマー病のような行動特性に影響している遺伝子は、心臓病のリスクを高めるといった医学的な特性にも影響している。ひとつの遺伝子は多くの影響をもつが、その中には、犯罪性向を高める方向に人を一押しする影響もあるだろう。その方向へと一押しする遺伝子が多いほど、一定の限界まで犯罪性向は高まると思われる（Comings et al., 2000）。ひとつの遺伝子による一押しは強くはなく、別の遺伝子がもたらす好ましい影響によって簡単に打ち消されてしまう。私たちは犯罪性向に影響を与える遺伝子について学び始めたばかりであり、今後の発見の過程は時間のかかる困難なものとなるだろう。多くの人が心配しているほど、これらの遺伝子を不安に思う必要はない。体外受精の場合、どの受精卵を女性の子宮に移植するかの判断を、ひとつだけの遺伝子に基づいて行なうことはできても、おそらく100個以上もの遺伝子に基づいて行なうことはできない。いずれは、遺伝的な性向の強さを出生時に予測できる時代が来るだろうが、すぐには来ない。もしそういった時代が本当に来るなら、そのときには、人々が遺伝学と行動について今よりも深い知識をもち、その事態に対処できるだけの賢明さをもっていると期待しよう。

推薦文献

Faraone, S. V., M. T. Tsuang, and D. W. Tsuang. (1999). *Genetics of Mental Disorders: A Guide for Student, Clinicians, and Researchers.* New York: Guilford Press.
読みやすい、精神科遺伝学への紹介。分子遺伝学の方法論も扱っている。

参照文献

Blum, K., J. G. Cull, E. R. Braverman, and E. E. Comings. (1996). Reward Deficiency Syndrome. *American scientist*, **84**, 132-145.

Brunner, H. G., M. R. Nelen, X. O. Breakefield, H. H. Ropers, and B. A. van Oost. (1993). Abnormal Behavior Associated With a Point Mutation in the Structural Gene for Monoamine Oxidase A. *Science*, **262**, 578-580.

Brunner, H. G., M. R. Nelen, P. van Zandvoort, N. G. Abeling, A. H. van Gennip, E. C. Wolters, M. A. Kulper, H. H. Ropers, and B. A. van Oost. (1991). X-linked

第5章 犯罪遺伝子？ 分子遺伝学と犯罪性向

Borderline Mental Retardation With Prominent Behavioral Disturbance: Phenotype, Genetic Localization, and Evidence for Diturbed Monoamine Metabolism. *American Journal of Human Genetics*, **52**, 1032-1039.

Comings, D. E. (1993). Polygenic Inheritance and Micro/Minisatellites. *Molecular Psychiatry*, **3**, 21-31.

Comings, D. E., R. Gade-Andavolu, N. Gonzalez, S. Wu, D. Muhleman, H. Blake, F. Chlu, E. Wang, K. Farwell, S. Darakjy, R. Baker, G. Dietx, G. Saucler, and P. MacMurray. (2000). Multivariate Analysis of Associations of 42 Genes in ADHD, ODD and Conduct Disorder. *Clinical Genetics*, **58**, 31-40.

Ebstein, R. P., O. Novick, R. Umansky, B. Priel, Y. Osher, B. Blaine, E. R. Bennett, L. Nemanov, M. Katz, and R. H. Belmaker. (1996). Dopamine D4 Receptor (D4DR) Exon III Polymorphism Associated With the Human Personality Trait of Novelty Seeking. *Nature Genetics*, **12**, 78-80.

Faraone, S. V., A. E. Doyle, E. Mick, and J. Diederman. (2001). Meta-analysis of the Association Between the Dopamine D4 Gene seven-repeat Allele and Attention Deficit Hyperactivity Disorder. *American Journal of Psychiatry*, **158**, 1052-1057.

Faraone, S. V., M. T. Tsuang, and D. W. Tsuang. (1999). *Genetics of Mental Disorders: A Guide for Students, Clinicians, and Researchers*. New York: Guilford Press.

Gainetdinov, R. R., W. C. Wetsel, S. R. Jones, E. D. Levin, M. Jaber, and M. Caron. (1999). Role of Serotonin in the Paradoxical Calming Effects of Psychostimulants on Hyperactivity. *Science*, **283**, 397-401.

Hamer, D. H., S. Hu, V. L. Magnuson, N. Hu, and A. M. L. Pattatucci. (1993). A Linkage Between DNA Markers on the X Chromosome and Male Sexual Orientation. *Science*, **261**, 321-327.

Hamer, D. and L. Sirota. (2000). Beware the Chopstics Gene. *Molecular Psychiatry*, **5**, 11-13.

Lakatos, K. I. Toth, Z. Nemoda, K. Ney, M. Sasvari-Szekely, and J. Gervai. (2000). Dopamine D4 Receptor (DRD4) Gene Polymorphism Is Associated With Attachment Disorganization in Infants. *Molecular Psychiatry*, **5**, 633-637.

Manuck, S. B., J. D. Flory, R. E. Ferrell, J. J. Mann, and M. F. Muldoon. (2000). A Regulatory Polymorphism of the Monoamine Oxidase Gene-A May Be Associated With Variability in Aggression, Impulsivity, and Central Nervous System Serotonergic Responsivity. *Psychiatry Research*, **95**, 9-23.

Ott, J. (1999). *Analysis of Genetic Linkage* (3rd ed.). Baltimore: John Hopkins University Press.

Owen, M. J., A. G. Cardno, and M. C. O'Donovan. (2000). Psychiatric Genetics: Back to the Future. *Molecular Psychiatry*, **5**, 22-31.

Plomin, R. (1994). The Genetic Basis of Complex Human Behaviors. *Science*, **264**, 1733-1739.

Quist, J. F., C. L. Barr, R. Schachar, W. Roberts, M. Malone, R. Tannock, V. S. Basile, J. Beitchman, and J. L. Kennedy. (2000). Evidence for the Serotonin HTR2A Receptor Gene as a Susceptibility Factor in Attention Deficit Hyperactivity Disorder (ADHD). *Molecular Psychiatry*, **5**, 537-541.

Ridley, M. (1999). *Genome: The Autobiography of a Species in 23 Chapters*. New York: HarperCollins.

Rowe, D. C., C. Stever, D. Chase, S. Sherman, A. Abramowitz, and I. D. Waldman. (2001). Two Dopamine Genes Related to Reports of Childhood Retrospective Inattention and Conduct Disorder. *Molecular Psychiatry*, **6**, 429–433.

Rowe, D. C., C. Stever, L. N. Giedinghagen, J. M. C. Gard, H. H. Cleveland, S. Terris, J. H. Mohr, S. Sherman, A. Abramowitz, and I. D. Waldman. (1998). Dopamine DRD4 Receptor Polymorphism and Attention Deficit Hyperactivity Disorder. *Molecular Psychiatry*, **3**, 419–426.

Spielman, R. S. and W. J. Ewens. (1996). The TDT and Other Family-based Tests for Linkage Disequilibrium and Association. *American Journal of Human Genetics*, **59**, 983–989.

Sunohara, G. A., W. Roberts, M. Malone, R. J. Schachar, R. Tannock, V. S. Basile, T. Wigal, S. B. Wigal, S. Schuck, K. Moriarty, J. M. Swanson, J. L. Kennedy, and C. L. Barr. (2000). Linkage of the Dopamine D4 Receptor Gene and Attention-deficit/Hyperactivity Disorder. *Journal of American Academy of Child and Adolescent Psychiatry*, **39**, 1537–1542.

第6章

遺伝学の知見に照らして環境的影響を考える

　行動遺伝学者にとって，遺伝的でないものは，すべて環境である。環境には，話をしている2人から，発育中の胎児が浸かっている羊水まで，あらゆるものが含まれる。行動遺伝学における「環境」には，テレビのCMソングや古い塗料の鉛毒も含まれる。ほとんどの社会科学者は，環境の概念を人々の相互作用やその社会的状況といった社会環境という，より狭い意味で用いる。社会学者なら，犯罪の原因として，まず，社会経済的地位（socioeconomic status: SES）（つまり，子どもが，裕福な親のもとに生まれるか貧しい親のもとに生まれるか，あるいは，十分な教育を受けている親のもとに生まれるか教育を受けていない親のもとに生まれるか）を挙げるかもしれない。社会学は，店の窓に格子がはまっていて街頭はごみや落書きだらけか，あるいは商店のショーウィンドウが清潔な道沿いに商品を美しく陳列しているかに表れている，近隣の一般的な特徴にも関心があるだろう。心理学者なら，親子の情緒的結びつきの親密さや，親のしつけのスタイルを最初に強調するだろう。精神分析家なら，おそらく人生の最初の2年間の経験から生じる情緒的トラウマに最初に言及するだろう。環境はこのように幅広い概念であるので，どの環境的影響が犯罪ともっとも密接に関連しているのかを知るのは難しい。

　経済学者のGreg Duncanと彼の同僚たちは，1990年代後半のアメリカに限

られた研究だが，どの環境レベルが，その環境におかれた少年同士の犯罪率を類似させているかを分析して，環境が犯罪に与える影響を突き止めつつある(Duncan, Harris, and Boisjoly, 2001)。彼らの研究は，一卵性双生児，二卵性双生児，両親が共通のきょうだいの3種類の血族関係を含んでいるが，分析は，きょうだいペアを超えて，環境的カテゴリーにまで拡張されている。具体的には，Duncanは，きょうだいペアに，親友，近隣同士，クラスメートも加えた。友人のペアには，双方向的友人（BillがHarryを選び，HarryもBillを選ぶ）と，一方向的友人（BillはHarryを選ぶが，HarryはBill以外の選ぶ）の2つのタイプがある。この研究では，各自が自分自身の非行を申告した。

　この研究の基本的な考え方は，ある環境的状況が非行率を決定する限り，その状況を共有する少年同士の非行率は似ているはずだというものである。たとえば，もし近隣地域が非常に重要なら，高犯罪率地域に住む少年は誰もが犯罪率が高い傾向にあり，低犯罪率地域に住む少年は誰もが犯罪率が低い傾向にあるだろう。非行率の類似性は，どの群においても等価となる特殊な相関係数によって評価した。近隣地域について言えば，相関0は同一のセンサス区域に住む少年の非行率がお互いに似ていないことを意味し，相関1.0は完全に似ていることを意味する。

　図6.1は，Duncanによる各群についての分析結果を示している。すべての種類のきょうだいで，非行率は非常に似ていた。また，親友であろうと一方向的友人であろうと，友人同士の非行率も似ていた。一方向的友人の選択は一方的に行なわれているので，同じ友人仲間や集団に属している友人同士の非行率は似ていると結論できる。近隣地域（すなわち，センサス区域）とクラスのレベルでは，個人同士はほとんど似ていなかった。どちらの環境的状況も規模が大きいため，きわめて非行性の高い少年ときわめて規範同調的な少年の両方を含んでいるからである。

　近隣地域の効果がないことは，アノミー理論，ストレイン理論，他いくつかの犯罪学理論が近隣地域を強調していることを考えると，驚くべきことかもしれない。近隣地域効果がなかったひとつの理由は，上述したように，近隣地域にはより大人数の人がいるため，ひとつの近隣地域の中に，犯罪傾向の強さが多様な人々を見いだしうるからである。きちんとしたしつけを欠き多動である

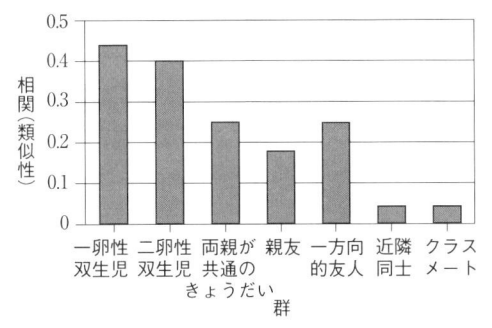

第6章 遺伝学の知見に照らして環境的影響を考える

図6.1 さまざまな分類ごとの非行率の類似性
出典：データは Duncan, Harris, and Boisjoly, 2001

（横軸：一卵性双生児、二卵性双生児、両親が共通のきょうだい、親友、一方向的友人、近隣同士、クラスメート　群）

といった犯罪の強力なリスク因子をもつ子どもたちは，住んでいる近隣地域の経済的水準とは無関係に，反社会的行動を示す（Wikstrom and Loeber, 2000）。Wikstrom and Loeber の研究では，経済的に恵まれていない公営住宅では，犯罪性向の低い少年たちでさえ犯罪へと「傾いて」いたが，これらの，もっとも劣悪な環境の近隣地域は，すべての近隣地域のうちのほんのわずかな割合でしかなかった。

Wikstrom and Loeber の知見のおかげで，私は10代の頃，家に泥棒が入ったときのことを思い出した。私の祖父の腕時計とその他の貴重品が盗まれたため，母は動揺していた。犯罪者は挨拶代わりに，リビングルームに排泄をしていった。このふざけた略奪者は，ロング・アイランドにある私の家を荒らすためにニューヨーク市の最悪の区から闇に紛れて現れたのだろうか。そうではなかった。逮捕してみると，犯人は，わが家からたった1マイル離れた，低い犯罪率と小さな派出所で知られるこの町の中流階級地域に住んでいた10代の問題児だったのである。結局，母の貴重品が戻ってくることはなかった。

社会階級と犯罪

社会学者と犯罪学者は，社会経済的地位（SES）と犯罪の関連を究明するのに相当な努力を注ぎ込んできたが，犯罪に生体の仕組みがどう関係しているか

123

に関心をもつ研究者は，この関連にあまり注目をしてこなかった。Duncanの知見が示しているように，社会経済的地位のどのレベルにおいても，人々の犯罪性は大きくばらついているため，社会経済的地位と犯罪の関連は全体としては弱い。また，この関連は，自己申告よりも公式データのほうが強く，また軽微な犯罪より重大な犯罪のほうが強い（Wolfgang, Thornberry, and Figlio, 1987）。

　社会経済的地位と犯罪には一定程度の関連が存在するが，それを因果的に解釈するのは難しい。第1に，社会階級は，実際には，「社会経済的地位と犯罪」の関連を生み出す何らかの因果過程の代わり（代理変数）である。高学歴の親は低学歴の親よりも確かに学校の「出席日数」は多いが，親の「出席日数」が多いほどその子どもは犯罪促進的な影響に対して抵抗力があると本気で信じている人はいない。つまり，社会階級を犯罪と関連づけている因果過程が分からない限り，社会階級自体はそれほど興味深いとは言えない。第2に，想定されている因果の方向は，容易に引っくり返すことができる。犯罪は，ある程度，社会経済的地位の低さを生み出しうる。たとえば，刑務所収容期間中は仕事に就くことができないし，多くの企業は重罪による有罪歴のある求職者を採用しない。

　実際，行動遺伝学における一般的なアプローチは，社会階級を原因とみなすのではなく，「親の社会階級的地位の原因は何か」という別の問いを考えるというものである。このトピックは本書の範囲を超えるが，手短に言うと，（1）遺伝形質（heritable traits）は，成人が達成する社会経済的地位を部分的に決定する，（2）犯罪確率を高める遺伝子は受け継がれうるので，これらの遺伝形質は犯罪性向を部分的に決定し，子どもをリスクにさらす可能性があると主張されている。ほとんどの形質について，この主張に沿ったエビデンスは多くないが，その仕組みを推測することはできる。たとえば，活動性レベルが高いことは，親がより高い社会的地位を達成する助けとなりうるが，同時に，その子どもは多動性症候群の一部としての犯罪を行なうリスクが高まる。この場合，遺伝形質は，「社会経済的地位と犯罪」の関連を小さくし弱める方向にはたらく。別の遺伝形質である（知能検査得点で測定される）IQは，社会階級のレベルを上昇させることも低下させることもある（Rowe, Vesterdal, and Rodgers,

1998)。2人きょうだいを考えてみよう。父親よりもIQが高い子どもは社会経済的地位が上昇し，父親よりもIQが低い子どもは社会経済的地位が低下する傾向にある（Waller, 1971）。IQと非行の間には小さな負の関連がある（Hirschi and Hindelang, 1977）ので，IQの遺伝形質は，「社会経済的地位と犯罪」の関連を，予期される（つまり，社会経済的地位の低い人々がより多くの犯罪をするという）方向に強める。上記の考察から，社会経済的地位は複雑な変数であって，私の考えでは，環境が犯罪傾向にどのように影響を与えているかを明確に示すような変数ではないと思われる。

もしDuncanの知見が正しければ，もっとも注目すべき環境的状況は，友人グループと家族である。犯罪は，この2つの分析レベルに集積している。本章の次の2つの節では，これらの状況を遺伝学の観点から吟味する。

友人グループ，ギャング，犯罪

シェークスピアの演劇「ロミオとジュリエット」を大まかに基にしている，抗争中のギャングについてのミュージカル「ウェスト・サイド・ストーリー」のコーラスは，「一度ジェッツ[*16]になったら死ぬまでジェッツだ」と大声で歌う。ギャング間の抗争は純真な女性の人生を奪って初恋にピリオドを打ち，愛し合う2人はギャングへの忠誠によって切り裂かれる。単純統計は，ほとんどの非行は男子少年の小集団が行なっていることを示している。若者に比べれば単独で犯行を行なうことが多い成人犯罪者であっても，小集団での犯行は一般的である。非行友人グループといっても，都市深奥部の貧しい近隣にかかわりの深い「ストリートギャング」のように，特有の服装・タトゥー・グラフィティなどのサインによって特徴づけられる，意識的な自己アイデンティティがあるグループばかりとは限らない。とはいえ，ストリートギャングの自意識の高さは，非行行動の多くがもつ集団的性質の自然な延長である。私が教鞭を執っ

---

*訳注16 「ウェスト・サイド・ストーリー」に登場する白人系の少年ギャング。プエルトリコ系の少年ギャング「シャークス」と対立している。

ているアリゾナ大学のキャンパスでは，同じ寮の男子学生たちが，他の寮の男子学生をぶちのめす習慣があった。20人以上もの男子学生が，1人の孤立した被害者を襲っていた（とても，勇敢な犯罪とはいえない！）。1990年代，アリゾナ州北部のナバホ保護地区では，ナバホ族の若い男性がロサンジェルスの都市深奥部のギャング団「クリップ」と「ブラッズ」のギャングカラーと服装を採り入れていた。ロサンジェルスに住むアフリカ系アメリカ人と，アリゾナの片田舎に住むネイティブ・アメリカンには，文化的に大きな違いがあるにもかかわらず，ギャングの魅力は強力である。思春期男子が構成する暴力的・反社会的グループは，社会の普遍的現象のようである。

　Duncanの研究データは，友人が重要であるということを，友人同士の非行の相関がおよそ0.25であることによって示している。だが，社会科学者は，この関連には因果解釈上の問題があることにただちに気がつく。「類は友を呼ぶ」ために，友人同士の非行率が似ているのかもしれない。つまり，犯罪傾向が似たレベルにある若者たちが友人になろうとするのかもしれない。この因果の筋道は，凶悪な非行少年が気弱なコンピュータオタクと友人になり，どうにかして彼を社会に対する脅威へと変身させるというまったく正反対の因果の筋道よりは，確かにもっともらしく思われる。一方で，友人同士が類似しているのは，感化による可能性もある。男子少年が友人に何か違法なことをやってみるように挑発した結果，比較的まじめに行動をしていた友人であっても，そうした圧力に従ってしまうことがあることは容易に想像できる。また，感化のもうひとつの経路は，犯罪性向をもつ2人の少年がお互いをそそのかしあった結果，1人で行なうよりも多くの非行行為を行なうというものである。つまり，0.25という相関は，選択プロセスと感化プロセスの混合した結果であるというのがもっともありそうな**先験的解釈**である。0.25という相関のすべてが非行を引き起こす友人によると考えるのは，確かに友人の影響力の過大評価であるが，その正反対が正しいと考えるのもおそらく同様に誤っている。上記の解釈は，直観的には魅力的だが，個々人の友人選択をコントロールすることは不可能であるから，社会科学者を満足させる程度の証明を得ることは実際には難しい。

　皮肉なことに，友人の因果的影響を支持するエビデンスは，善意で行なわれたにもかかわらず失敗に終わったある社会的介入によって提供されている。「思

第6章 遺伝学の知見に照らして環境的影響を考える

春期移行プログラム (Adolescent Transitions Program)」(Dishion, McCord, and Poulin, 1999) では、「ティーン・フォーカス・グループ」という処遇条件に無作為に割りつけられたハイリスクの男女の少年が小グループで集まり、高卒資格の取得や怒りの統制について議論をした。不幸なことに、3年間のアウトカム評価において、フォーカス・グループの若者たちは、コントロール群の若者たちよりも結果がよくなかった。処遇条件の割りつけを隠蔽された教師の評価によると、3年間の追跡期間を通じて、ティーン・フォーカス・グループの参加者は、コントロール群よりも、特に、年長の参加者について、非行行為が多かった。Dishion は、ティーン・フォーカス・グループ・プログラムの失敗は、ハイリスクの男子少年を一緒にすることにより、友人関係を形成しお互いの非行行為への志向を高め合う機会を与えてしまったことだと考えている。

関連する研究において、Dishion は、ハイリスクの少年たちがペアになって会話をしているところのビデオを撮った。彼は、反社会的な少年ほど、犯罪に関する相手の発話に対し、笑いなどの前向きな反応によって報酬を与える傾向があることを発見した。友人関係がこのように相互促進的な男子少年たちは、会話がまじめな男子少年よりも、1～2年のうちに、自己申告非行の増加を見せる傾向が高かった。思春期移行プログラムは実験デザインなので、男子少年の非行が友人の感化のために増加したという結論には一層自信をもつことができる。また、この研究はもうひとつ教訓を与えてくれる。理論的に正しい社会的介入だからといって、有害ではないと思い込んではならないということである。

友人同士が犯罪性を共有するもう1種類のプロセスである選択 (selection) については、エビデンスが十分にある。選択プロセスを支持するもっとも強力なエビデンスのひとつは、思春期に友情が形成される以前から犯罪性向は存在するというものである。全員が同じ年に生まれた子どもたち（出生コーホート）についてのある長期間の研究は、3歳の子どもたちをかんしゃくをもつかどうかによって分類した (Caspi, 2000)。3歳時点の怒りとかんしゃくは、21歳になったときの犯罪行動、反社会的人格障害、自殺企図、アルコール依存を予測した。タイムトラベルができない限り、思春期に悪友とたむろしているせいで3歳のときにかんしゃくを起こすことはない。Vitaro et al. (1997)

は，反社会的行動への志向が中程度に強い若者だけが，友人の攻撃性から大きな影響を受ける一方，非常に破壊的な若者や非常に規範同調的な若者は，ほとんど影響を受けないことを見いだした。

　選択プロセスを明らかにしうるもうひとつの研究デザインは，友人関係の形成と解消を観察することである。1978 年，Kandel は，1 学年度の間の友人関係の形成と解消を追跡して，傑作といえる研究を成し遂げた。彼女の研究は，軽微な非行を含む 4 つの特徴に焦点を当てた。彼女は，その年度に友人になる者同士は，その年度になる前から軽微な非行のレベルがお互いにすでに似ているということを見いだした。その学年が始まる時点で，その年度に「友人になる」者同士の，軽微な非行の相関は 0.25 であった。その学年の最初から友人であり続ける者同士の，軽微な非行の相関は 0.29 であった。つまり，0.29 という相関の一部は，友人関係形成（すなわち選択プロセス）よりも前から存在していたのだから，0.29 という相関のすべてを「感化」によるとみなすことは，相関の源を誤って解釈していることになる。また，Kandel は，その学年のうちに解消される友人関係は，行動がもっとも似ていない友人同士の関係であることが多いことも見いだしている。さらに彼女は，第 2 の現象，つまり，友人関係にある間に友人同士がさらに似てくるという観察もしている。複雑な統計的検定を用いて，Kandel は，友人同士の類似性のうちの約半分が選択によるもので，半分が感化によるものであると結論している（Kandel, 1978, 1996）。

　非行において友人が果たす役割の研究は，非行を，伝染性のウィルスや細菌による病気と捉える見方へと発展した。犯罪は，もちろん伝染病ではなく，伝染病という概念を使用するのは，喩えでしかない。しかし，犯罪は，人と人との直接の出会いを通じて「広がる」点で伝染病に似ている。感染するのは，病原体ではなく，犯罪行為を行なわせるように，そして犯罪の機会に気づかせるように促す，ある種の心理的刺激である。インフルエンザが地域に一気に蔓延するように，より多くの若者，とりわけ若年成人期までには犯罪行為を行なわなくなる若者が，どんどん犯罪に「罹っていく」（Moffitt の第 2 章を参照）。ある出生コーホートを 10 代の間，追跡するとしよう。10 代の初めでは，逮捕者数はゆっくりと増加する。13 歳から 16 歳までは，その増加はもっとも急速となる。そして，16 歳以上になると，逮捕者群に追加される若者の数はどん

第6章 遺伝学の知見に照らして環境的影響を考える

どん少なくなっていく。数学的には，この成長曲線は伝染病の成長曲線の形状とそっくりで（Jones, 1998），喫煙のような思春期に広がるその他の行動についてもみられる（Rowe, Rodgers, and Gilson, 2000）。

この喩えにはもちろん限界がある。病気への感染のしやすさは思春期に大きくは変化しないし，そもそも感染性の病気の主たる原因は，ウィルスや細菌への曝露である。一方，若者が犯罪傾向を高めるのは，思春期発達の結果であり（Flannery, Rowe, and Gulley, 1993），だから，この年代では，友人による犯罪への誘いに対する「感染しやすさ」が変化するのだ。また，ウィルスに感染しようとする者はいないが，暴力的な若者の中にはけんかを「探しに」行く者がいる。こうした違いはあるが，思春期における犯罪に伝染病の蔓延という概念がほぼ当てはまるということは，犯罪の発生源としての友人の影響力を改めて強調するものである。

友人同士の相互感化ときょうだい同士の相互感化は，きょうだいが似ている程度にも影響を与えうる（Carey, 1992; Rowe and Gulley, 1992）。アリゾナ州トゥーソンで行なった年少の思春期（平均年齢13.5歳）の研究で，私は，共通の友人の多いきょうだい（兄弟の約20％，姉妹の約13％）の行動の類似性と，共通の友人の少ないきょうだいの行動の類似性を比較した。そのデータを表6.1にまとめたが，共通の友人と一緒にいる時間が多いと報告したきょうだい同士のほうが，報告しなかったきょうだい同士よりも，物質使用率と非行率について，きょうだい間の類似性がずっと大きかった。この結果を，共通の友

表6.1 共通の友人が多いかどうかによる，きょうだい間の類似性（相関）

群	非行 r	物質使用 r
兄弟		
別々の友人	.20	.22
共通の友人	.63	.66
姉妹		
別々の友人	.33	.29
共通の友人	.65	.84

サンプルサイズは，18〜124組のきょうだい。物質使用には，酒類の飲用，タバコの喫煙やマリファナの吸引，吸入剤の使用を含む。

人をもつことで若者がより非行的になると解釈するのは誤っている。というのは，共通の友人のいるきょうだいが，共通の友人のいないきょうだいと比べ，平均的な非行性が高いというわけではないからである。2つの群の違いは，きょうだいがお互いどれだけよく似ているのかということだけである。共通の友人として非行少年の友人がいる1組のきょうだいを考えよう。2人はどちらも，その友人たちから反社会的行為への誘いにさらされている。その対極として，チェスクラブと物理クラブの仲間と行動することが多い1組のきょうだいを考えてみよう。このきょうだいの共通の友人は，おそらく非行を抑制するだろう。つまり，友人の影響によってきょうだい同士は似てくるが，きょうだいをより非行的にする場合もあればより遵法的にすることもあるため，全体的にみれば，共通の友人がいることと物質使用や非行のレベルの間に関係はあるはずがない。私の知見がもうひとつ教えてくれるのは，きょうだい同士の行動上の類似性は，遺伝効果ないし家庭環境の効果によって生じるとは限らないということである。親のしつけのスタイルを統計的に統制しても，共通の友人がいることによって生じるきょうだい間の行動上の類似性の上昇度は変わらなかった。

　行動遺伝学者たちは，遺伝的性向（genetic predisposition）を大きく見せるようにはたらく環境的影響のことを，遺伝子型－環境相関（genotype-environment correlation）という用語で呼ぶ。特定の遺伝子型は，特定の環境に偶然が引き起こす以上に集まりやすく，よって遺伝子型と環境は相関する。身長はバスケット選手にとって有利にはたらくので，高校のバスケット・コートでは背の低い人よりも高い人のほうが多く見られる。背の高さだけではよいバスケット選手にはなれないが，背が高いとバスケットボールチームのトライアウトを受けようという気にもなるだろうし，監督の目にも留まりやすいだろう。だから，身長とバスケットボールをするかどうかの関係について言えば，遺伝子型（すなわち，子どもの身長を低くしたり高くしたりする遺伝子）と環境（すなわち，バスケットをする機会）の間にはある程度の相関が生じることになる。バスケットボールの上達が早い背の高い子どもたちのおかげで，監督や選手たちは潜在能力のある新人として背の高い子どもに一層注目するようになり，その結果，バスケットボールにおける遺伝子型－環境相関は高まる。

　同様に，悪影響を与える「腐ったミカン」のような友人関係により，犯罪性

向の遺伝と，犯罪行動を促進するような環境は相関している。犯罪者の友人をもつ若者をチェスクラブと科学クラブに参加させて，そのグループ内で友人を作るように強制させたら，その若者の犯罪率はおそらく低下するだろうが，そのような努力が実際に役立つとは思えない。Dishionの実験研究の教訓は，制度設計において可能である限り，犯罪性向をもつ若者を一緒にするのは避けなければならないということ，つまり，「刑務所は犯罪学校である」という決まり文句で表現されている警告である。行動遺伝学には，遺伝的な影響が生じるこの間接的な経路を表現した**「生まれは育ちをとおして」**という言葉がある。眼の色に影響を与える遺伝子には特定の環境形態の助けは不要だが，犯罪のような複雑な行動特徴に影響を与える遺伝子には何らかの「後押し」をしてくれる社会的環境が必ず必要である。

遺伝子型と環境の交互作用

　もうひとつ，環境は，遺伝子型と交互作用することによっても，犯罪に影響を及ぼす。技術的に言えば，遺伝子型と環境の交互作用は，ある遺伝子型の発達的反応が特定の環境状況に依存しており，反応の仕方が環境によって大きく変わりうるときに生じる。ひとつの例が，アメリカ合衆国南西部のピマ族の肥満である。この先住アメリカ人たちは，高い肥満率と肥満と関連していることの多い合併症である糖尿病のため，平均寿命がわずか54歳である。南西部のピマ族は，アメリカ式の高脂肪の食事を摂ることを選び，座った姿勢でいることが多い。一方，アリゾナ州の接する国境の真南のメキシコで現在生活しているピマ族のライフスタイルは違う。メキシコのピマ族は，より伝統的な食事を摂り，より多くの身体的活動を行なっている。メキシコのピマ族は，正常な体重を維持しているし，糖尿病率も低い。この2つのグループの遺伝子型は，きわめて類似していると考えられる。実際，両種族の分布は，メキシコとアメリカの国境にまたがっている。同じ遺伝子型ながら，ライフスタイルの変化に劇的に反応してきたがために，アメリカとメキシコのピマ族は違っているのである。

　この効果に関するひとつの説明は，飢饉のとき，カロリーを損失しないよう

に身体を守る「倹約（thrifty）」遺伝子の存在である。ピマ族にこの防御的遺伝子があるとすると，食糧が豊富なときには体重が増加しやすくなるだろう。西欧式の食事にさらされて同様の体重変化を見せたもうひとつの集団が，西サモア諸島のサモア人である。

　犯罪性向を受け継いだ子どもはそうでない子どもより，不利な家庭環境の影響を受けやすいという，遺伝子型と環境の，犯罪を引き起こすような交互作用を想定することができる。児童虐待は攻撃性や暴力と統計的な関連があり（Dodge, Bates, and Petitt, 1990），きわめて虐待的な養育に耐えてきた犯罪者の事例史も存在する。ボストン絞殺魔（Boston Strangler）として悪名高いアルバート・デサルボ（Albert DeSalvo）を育てたのは，息子の1人を傷だらけになるまで殴り，妻の指を念入りに1本1本折って懲らしめたこともある虐待的な父親であった（Everitt, 1999）。アルバートは，6人の子どもの1人で，きょうだいは皆，この機能不全の両親による養育に徹底的にさらされたが，彼だけが，多数のレイプを行ない，女性を残忍に殺し続けた。きょうだいはそれぞれ遺伝的性向が異なっているはずなので，デサルボだけが他のきょうだいがもたない彼だけがもつ病因遺伝子のせいで問題を起こすようになってしまったのかもしれない。もちろん，たとえ遺伝子検査が当時可能だったとしても，1973年に，同囚に刺殺されてしまったので，デサルボが本当に病因遺伝子をもっていたかどうかを証明することはできない。しかしながら，精神科医のRemi Cadoretとその同僚（1995）による養子研究が，遺伝子型と環境の交互作用について，デサルボの事例ほど劇的ではないがより説得力のあるデータを提供している。

　Cadoretは，子どもの素因（predisposition）を調べるために，養子に出された子どもの生物学上の両親を「振り返る」デザインを用いた。生物学上の両親に犯罪歴やアルコール濫用歴があれば，その子どもは攻撃性の素因をもっていると分類された。両親に精神障害がなければ，その子どもはコントロール群に分類された。この分類方法は，両親に犯罪歴やアルコール濫用歴がある子ども全員が何らかの遺伝的犯罪性向をもっているということを意味しない。茶色の眼をした親に青い眼の子どもが生まれることがあるように，すべての子どもが両親から犯罪素因遺伝子を受け継ぐわけではない。それでも，平均すれば，

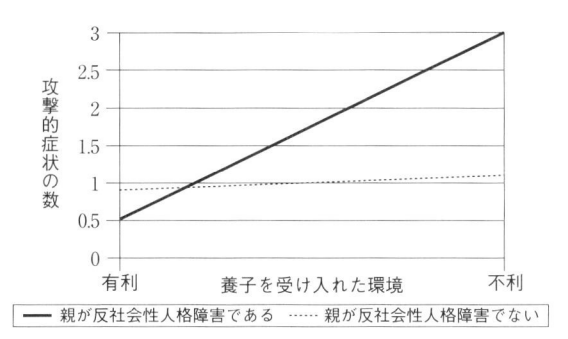

第6章 遺伝学の知見に照らして環境的影響を考える

図6.2 養子の遺伝的性向と養子を受け入れた家庭の交互作用
出典：Adapted from Cadoret et al., 1995. Copyright © American Medical Association. Adapted with permission.

コントロール群の子どもより精神科診断を受けた生物学上の親をもつ子どもにおいて，犯罪性向はより一般的にみられるはずである。

養子は皆，出生時に生物学上の両親と別れ，養子を受け入れた家庭（子どもの養育環境を構成する家庭）の手に移された。その養子を受け入れた家庭に存在する問題の数によって，環境リスク得点が算出された。つまり，問題（離婚，別居，種々の精神障害）がある養父母は，そうした問題の少ない養父母より環境リスク得点が高い。自分自身が生物学的な犯罪的素因をもち，かつ養子を受け入れた家庭に問題があった養子は，思春期にもっとも多くの攻撃的症状を示した。別の言い方をすると，家庭環境リスクと攻撃性の関連は，コントロール群の養子より犯罪性向をもつ養子で強かった。図6.2にこのデータを示す。実線は犯罪性向をもつ養子を，破線はコントロール群の養子を示している。なお，インタビュー時には，養子は皆，思春期であった。

こうした家庭状況は，デサルボの家庭状況と比べれば悪いとはとてもいえないが，何らかの遺伝的な犯罪性向をもつ子どもに対しては，顕著な影響を与えているように思われる。一方，逆方向の因果関係を支持する議論もできる。たとえば，反社会的な子どもを育てる困難の大きさを知らなければ，ばかげた考えだと思われるかもしれないが，反社会的な行動をする子どもは，養父母を離婚に追いやる可能性がある。Cadoretは，この可能性も吟味し，この可能性では上記の知見を説明できないことを見いだした。ただし，養子の犯罪性向が，養父母の養育の仕方に影響を及ぼしうることは，他の研究によって確立されて

133

いる（詳細は Ge et al., 1996 を参照）。

　Raine とその同僚たち（1998）は，脳生理レベルでの環境の効果について説得力のあるデータを産出した。対象者は殺人ないし殺人未遂でカリフォルニア州の公判にかけられた 41 人で，年齢と性別でマッチングされたコントロール群の 41 人と比較された。さらに，殺人者群は，恵まれていない子ども期の経歴をもつ者と，より普通の経歴をもつ者に分けられた。恵まれていない経歴の一例は，子ども期に繰り返し身体的あるいは性的な虐待を受けたことである。PET スキャン（PET スキャンの説明は第 4 章を参照）を用いて殺人者群とコントロール群の両方の脳糖代謝が測定された。PET スキャンの結果，コントロール群は「ひたい」の裏側の皮質が光って，糖が急速に代謝されていることを示し，脳細胞は糖を燃料として吸収していた。恵まれていない経歴をもつ殺人者の脳もほとんど同じような結果で，内側前頭前野が同じように明るく光った。対照的に，より普通の経歴の殺人者の脳代謝のパターンは異常で，恵まれていない経歴をもつ殺人者やコントロール群よりも，前頭前野における糖の活用量が少なかった。神経系の低覚醒というこのパターンは，より普通の経歴の殺人者だけの特徴であった。Raine は，このデータについて，恵まれていない殺人者は，環境的な経緯のせいで犯罪を犯すに至ったのであって，すなわち，神経学的にはより正常であると解釈した。ただし，Raine は，Cadoret の研究から予想される，つまり脳生理機能がそもそも異常であり，さらに不利な環境のために殺人傾向が高められてしまうような殺人者群は見いだされなかった。おそらくこの，まだ見いだされていない殺人者群は，もっと多数の殺人者を対象とする PET スキャン研究によって見いだされるであろう。

犯罪率の歴史的変化

　犯罪率は，歴史上の時期によって変化する。上昇もすれば下降もする。1830〜1840 年代には，フィラデルフィアで大暴動が起きた。アイルランド人とドイツ人の移民労働者を中心に若者のギャングが結成され，カトリックとプロテスタントという宗派に分かれて対立した。白人はアフリカ系アメリカ人と衝突

した。警察は，頻発する暴力犯罪と非暴力犯罪に対応できなかった。私たちの時代が，高率の暴力犯罪を経験する初めての時代ではない。確かに，アメリカ合衆国の都市は，今のほうが南北戦争前の時期よりもずっと安全である。1920年代の禁酒法時代には酒類の非合法化によって，つき合いで酒を飲む人まで犯罪者とされるようになり，アルコールの流通をコントロールしようとして犯罪ギャングが抗争を行なった。この20～30年間は，コカイン，ヘロイン，マリファナといった薬物をコントロールしようとして都市のギャングが同じように戦ってきた。1973年から1993年にかけて，FBIの統一犯罪統計の暴力犯罪率はおよそ2倍になった（Lykken, 1997）。暴力犯罪率は1990年代初頭以来低下してきたが，直近のデータは低下の速度が鈍ってきたことを示している。

　歴史的な変化の程度は，確かに，ある集団内の遺伝的変化の程度よりも大きいが，集団の遺伝的構成が不変であるという意味ではない。遺伝的構成は決して不変ではない。自然淘汰をはじめとするプロセスによって，特定の対立遺伝子（あるひとつの遺伝子の変異形。第5章を参照）の遺伝子頻度は常に変化している。しかし，遺伝子に起因する犯罪性向をもつ者がある集団に占める比率の変化は，犯罪率，とりわけ特定の犯罪の犯罪率の変化よりゆっくりしていると思われる。禁酒法の場合，新たな犯罪——酒類を飲むこと——は，法案を法律にしたたった一筆の署名によって作りだされた。アルコール依存になりやすい遺伝的性向が，禁酒法が制定された年にほんのわずかでも変化するわけはなかったし，現実にも変化しなかった。実際，歴史的な変化に関する問いは，次の2つの別々の問いに分けたほうが合理的である。（1）社会の歴史的変化は，犯罪性向をもつ者の比率を変えることなく，どのようにして犯罪率に影響を与えるのか，（2）歴史は，犯罪性向をもつ者の比率（すなわち，集団内で犯罪性向をもつ者の割合）をどのように変化させるのか。

犯罪の根本原因に影響することなく犯罪率を変化させる

　犯罪性向に影響を与えることなく，環境は，どのようにして犯罪に影響を与えうるか。ひとつは，刑務所への収容あるいは刑務所からの釈放によってである。フィデル・カストロは，キューバの刑務所から多数の男性を釈放してアメリカへの再定住を許し，アメリカで犯罪増加の小さな波を発生させることに成

功した。これらのマリエル港からの渡航者の多くは、アメリカで犯した犯罪のために、すぐに刑務所に戻ることになった。現在のアメリカの刑務所収容率の高さが、全体としての犯罪率を下げてきたと信じている学者もいる。刑務所収容者数を増やす政策に、犯罪性向をもつ人間の数を変化させる効果がないのは確かである。そのような政策は、こうした人々の居場所——刑務所住まいをするか、社会で自由に生活するか——を移動させているに過ぎない。

　犯罪抑止のもうひとつの形態は、James Q. Wilson と George K. Kelling が、文芸誌「アトランティック・マンスリー（*Atlantic Monthly*）」における論説で最初に提唱した「割れ窓（broken windows）」理論に由来する（Miller, 2001）。Wilson と Kelling は、修理されていない割れ窓は、犯罪をしようとしている者にとって、そのコミュニティでは警察活動が有効にはたらいていないことを示すサインになると考えた。実際のところ、コミュニティの物理的崩壊や秩序の乱れは、犯罪行為に要するコストがほとんどないことを犯罪者に教えているように思われる。Wilson と Kelling は、落書き、路上のゴミ、放置された建物、軽微な犯罪行為といった、近隣の秩序の乱れのサインを摘むために警察の力を集中すべきだと提唱した。

　ニューヨーク市の交通警察（Transit Police）の部長、ウィリアム・ブラットンは、彼らの助言を真剣に受け止めた。ブラットンは、無賃乗車をするために地下鉄の回転式改札口を飛び越えるといった軽微な犯罪に対して厳格に法を執行した。改札口の飛び越えに対して法を執行することで、交通警察は、銃を携帯していたり未解決の逮捕状が出ていたりする若い男性など、より重大な犯人を逮捕することができた。ニューヨークの地下鉄システムの犯罪率は、劇的に減少した。後に、ブラットンが市全域の警察本部長となった際には、この「割れ窓」施策を、市全体に広げた。彼はいくつもの変化をもたらしたが、混み合った市内の道路で車の窓をきれいにする「窓ガラス拭き」を一掃したのもそのひとつである。

　父と私はロング・アイランドからニューヨーク市に車で行った。リンカーントンネルを通ってマンハッタンに入ったとき、何の予告もなく車の窓にスプレーを吹きかけ掃除をし始める、筋肉質でタトゥーを入れたおっかない窓ガラス拭きが現れた。バンパーとバンパーが接するようなニューヨークの渋滞につか

第6章 遺伝学の知見に照らして環境的影響を考える

まっているので,逃げ出すことができない。だから,私は彼らがいなくなって嬉しかった。ブラットンによる新しい施策は,ニューヨーク市の,その他の多くの軽微な刑法犯の多くを絶滅あるいは減少させ,ニューヨーク市全体の犯罪率も,1990年代のこの時期に国全体の犯罪率と同様に低下した。

　最近は,割れ窓施策の支持者が標榜する犯罪減少効果を批判する書籍や論文が多数出版されている（Harcourt, 2001; Karmen, 2001; Sampson, 1999; ただしKelling and Coles, 1998も参照）。批判者の議論は,歴史的な変化を,特定の環境的できごとと結びつけることの難しさを例証している。社会では一度に多くの変化が生じているので,1つひとつの変化を仕分けることなどできるはずがない。Miller（2001）は,上記の犯罪率の減少をもたらした「可能性のある容疑者」のうちの,いくつかについて述べている。

> 1990年代の犯罪減少というエビデンスを解釈するひとつの方法は,マーフィーの法則を逆転させることである。つまり,うまくいく可能性があったものはすべてうまくいったという解釈である。クラック[*17]取引の縄張り争いが沈静化した。18歳から24歳という（犯罪をしやすい年齢の）若い男性の数が減った。一貫した経済成長が恵まれない若い人たちに犯罪に代わる魅力的な選択肢をもたらした。加えて,学者たちは,刑務所収容率を高めるような公共政策にお墨つきを与えた。
>
> 　　　　　　　　　　　　　　　　　　　　　　　　　（Miller, 2001: A16）

　別の批判者は,割れ窓施策の研究は良質のコントロール群を用いていない,つまり,施策が用いられなかった近隣地域を含めていないという,正しい批判を行なっている。反事実性,つまり,割れ窓施策がなければ,犯罪率は高いままであったということを証明するためには,等質のコントロール群が必要である。

　私自身の見方は,割れ窓施策をはじめとする効果的な警察活動は犯罪減少に寄与したというものである。私には,この見解を支える確かな科学的エビデンスはない。「窓ガラス拭き」がいなくなったのを見て嬉しかったせいもあるか

＊訳注17　コカインを加工した麻薬の一種。1980年代後半から1990年代にかけて,アメリカで爆発的に流行した。

もしれない。しかし，少なくともタイミングは正しかった。多くの所轄で行なわれた警察実務の変更は，犯罪率の減少と同じ時期に起きた。私も，批判者と同様，警察実務の変更が1990年代の犯罪減少を**完全に**説明するとは思わない。因果関係を解明するには，今後の犯罪率の変化というデータが必要であり，地域社会が，高犯罪率から低犯罪率という方向の変化，あるいは，(将来，アメリカ合衆国の人口に占める若者の比率が上昇することにより不幸にして起きるであろう) 低犯罪率から高犯罪率という逆方向の変化を経験する際の姿を捉えられるように研究を設計しなければならない。

犯罪の根本原因に影響することによって犯罪率を変化させる

本章では，犯罪に対する環境の因果的影響として，友人の影響と，遺伝子型と環境の幼少期の交互作用だけを取り上げた。この2つの影響のうち，犯罪性向をもつ者の比率に影響を与える最有力の候補は，行動発達に対し，家族が発育を通じて与える遺伝的・環境的影響である。友人の影響は，思春期の犯罪性向を作り出すものというよりは，むしろ活性化するものだ。歴史的に見て，家族の変化は犯罪性向をもつ者の比率を変えてきたのだろうか。この過程について考えるにあたり，便宜上，私は犯罪性向を連続量としてではなく，離散量として扱う。ある世代で犯罪性向をもつのは100人中3人で，別の世代では100人中5人ということはあるだろうか。

犯罪性向の有無を測る単純な尺度が存在しないため，犯罪性向の変化は継時的に追跡されているわけではない。犯罪率は，犯罪性向の比率の正確な反映ではない。実際，刑務所収容，警察活動の改革，薬物使用流行の終息などは，犯罪率を減少させることができるが，深層にある歴史的な力が犯罪性向をもつ者の比率を高め，社会的状況が許せば犯罪率を急速に増加させる可能性もある。犯罪性向と犯罪率の違いは，実は，行動遺伝学における遺伝子型と表現型の違いのようなものである。「表現型」は，侵入盗や暴行のような，数えることのできる犯罪行為で，犯罪性向が表面に現れたものである。犯罪性向それ自体は，遺伝的にも環境的にも引き起こされうる生物学的特徴で，犯罪行為を行なう確率に寄与する。たとえば，犯罪率が低下している時期に生まれたある世代に，前頭前野の小ささと安静時心拍数の少なさという犯罪性向を示すRaineの生物

第6章 遺伝学の知見に照らして環境的影響を考える

1960年〜1999年の暴力犯罪率
およびその変化をもたらす3つの原因

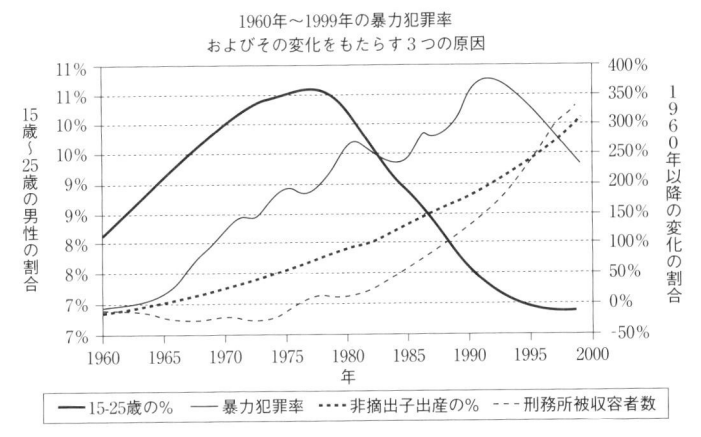

（グラフ：縦軸左「15歳〜25歳の男性の割合」7%〜11%、縦軸右「1960年以降の変化の割合」-50%〜400%、横軸「年」1960〜2000。凡例：実線＝15-25歳の％、細実線＝暴力犯罪率、点線＝非嫡出子出産の％、破線＝刑務所被収容者数）

図6.3 暴力犯罪率，人口構成，ラグつきの（＝15年前の）父親不在の養育（非嫡出子出産と離婚率の組み合わせ）の相対曲線
出典：Lykken, 2001

学的指標のうちの2つをもった人間が多く生まれることもあるだろう。

しかし，犯罪率以外に犯罪性向を表す代理変数がないため，犯罪率が犯罪性向の頻度の変化の目安として使われてきた。Lykken（1995, 私信）は，1960年から1999年の間の加重暴行の犯罪率の変化を分析した。この暴力犯罪の犯罪率は，1960年より1990年代初頭のほうがほぼ4倍高かった。1990年代以降低下してきたが，1960年と比べるとそれでも約2.5倍は高い。

図6.3に示すように，Lykkenの暴力犯罪のモデルは，3つのおもな予測変数を含んでいる。ひとつは，刑務所被収容者数の割合である。彼は，街頭から犯罪者を排除することが犯罪率を減少させうると考えた。第2の変数は，非嫡出子出産のラグつきの（＝15年前の）割合である。この変数は，片親世帯で育てられる子どもの数と非常に相関が高い。Lykkenは，片親世帯での養育を，犯罪にとってとりわけ重要であるとみなしている。というのは，母子家庭の子どもは，両親がそろっている子どもの7倍も暴力犯罪で有罪判決を受ける確率が高いからである。つまり，片親世帯の比率が相対的に少し増すだけで，暴力犯罪全体の率は不釣り合いなほど増加するはずである。また，片親世帯が子どもの犯罪リスクに与える影響は，遺伝的性向をもつ子どもが片親世帯で育って犯罪性向を強め，思春期・成人期の行動として表現するCadored型の，遺伝

子型と環境の交互作用も反映していると思われる。Lykken の第3の変数は，人口構成，すなわち，15〜25歳の男性の割合である。この年齢の男性は，すべての暴力犯罪のおよそ半分を起こしている。刑務所被収容者数，非嫡出子出産の割合，人口構成を組み合わせることにより，Lykken のモデルは 1960 年から 1999 年までの暴力犯罪率の変化を正確にたどることができる。

　Lykken のモデルは正しいのだろうか。確かなことは言えない。彼の特定した3つの変数の影響は暴力犯罪率に関連しているが，別のモデルを構築してこの歴史的変化を説明することもできる。たとえば，1980 年代初期の犯罪率は片親世帯によって上昇したのではなく，同時期に起きたクラック吸引の流行と薬物使用者と密売人の厳しい訴追によって上昇したのかもしれない。非嫡出子の比率を強調する Lykken による議論とも一致するが，1970 年代の人工妊娠中絶の増加のおかげで，自由な中絶がなかった場合と比べて「ほしくなかった」子どもの出生が減ったため後年の犯罪率が減ったという賛否の分かれる理論も提唱されている（Donohue and Levitt, 2001）。大規模な環境変数——そのうち，強力な変数は効果も大きい——が存在しているという手がかりはあるので，犯罪率の変化の歴史的研究はもどかしさが募る。経済，社会的な道徳観，公共政策の変化，警察活動などが絶え間なく変動しているので，これらの変数を1つひとつ切り離して理解するのは困難であろう。

結論

　犯罪性向の変動に対し，遺伝が一定の影響を与えることと同時に社会環境が影響を与えることは，まったく矛盾しない。友人の影響は，遺伝的性向をもつ個人にとっては犯罪行動を増やすひとつの動機づけであり，正反対の遺伝的性向をもつ個人にとってはおそらく規範同調性を高めるひとつの動機づけである。友人グループは犯罪活動を促進させうるが，アメリカでは，好きな友人を選び公共の場に集まることは憲法によって守られている自由であり，政策立案者にとって友人グループを変化させるのは困難である。不利な家庭環境も，特に遺伝的性向をもつ人々にとっては，攻撃性をはじめとする反社会的行動の確率を

高めるように思われる。親の行動を対象にした介入を行なうことはできるが，親の行動を変えるのは簡単ではなく，能力の乏しい親ほど介入プログラムにつなぎ留めておくのが難しい。刑務所収容と近隣地域の QOL（生活の質）に焦点を当てる公共政策も，犯罪率が減少する可能性がある。しかし，そのようなアプローチは，犯罪減少を達成するためにはどの種類の自由を犠牲にするあるいは制限するべきかという一層深刻な政治的議論にはまりこんでしまう。割れ窓理論によるアプローチは，外見に基づき手当たり次第に行なう職務質問を増やし，エスニック・マイノリティを集中的に標的にしてしまう可能性がある（人種によるプロファイリング）。つまり，これらの政策は，犯罪率を減少させられるか否かにかかわらず，政治的リベラリストから反対されるであろう。

　犯罪率の歴史的変化は大規模で，犯罪を減少させうる強力な環境的な「梃子」が存在することを示している。一方で，歴史的変化の原因は分析と追試になじまないため，犯罪率の上昇や下降の理由を理解することは学者間の論争を引き起こす。70 年余りたった今でもアメリカ大恐慌の発生した原因について議論が行なわれていることを思い起こすとよい。本書では，犯罪を減少させるための介入プログラムに関する大量の研究文献を扱わないが，その中には，一定程度の成果を生んだものもある（たとえば Tremblay et al., 1995）。要約すると，犯罪性向に対し，何らかの遺伝的影響が存在しているからといって，政策の変更やターゲットを決めた社会的介入によって犯罪を減らす方法に関する不完全なあるいは真の実験研究を妨げてはならない。過大な約束をすることも，何も試してみないことも，賢いとはいえない。

◇ **推薦文献**

Lykken, D. T. (1995). *The Antisocial Personalities.* Hillsdale, NJ: Lawrence Erlbaum.
　犯罪率の歴史的変化に関する説明を探究し，私が本書で強調した以上に，家族の影響を重視している。Lykken は，生物学志向の犯罪理論における考え方の多様性を示している。

◇ **参照文献**

Cadoret, R. J., W. R. Yates, E. Troughton, G. Woodworth, and M. A. Stewart. (1995). Genetic-environmental Interaction in the Genesis of Aggressivity and Conduct

Disorders. *Archives of General Psychiatry,* **52**, 916-924.

Carey, G. (1992). Twin Limitation for Antisocial Behavior: Implications for Genetic and Family Research. *Journal of Abnormal Psychology,* **101**, 18-25.

Caspi, A. (2000). The Child Is Father of the Man: Personality Continuities From Childhood to Adulthood. *Journal of Personality and Social Psychology,* **78**, 158-172.

Dishion, T. J., J. McCord, and F. Poulin. (1999). When Interventions Harm: Peer Groups and Problem Behavior. *American Psychologist,* **54**, 755-764.

Dodge, K. A., J. E. Bates, and G. S. Pettit. (1990). Mechanisms in the Cycle of Violence. *Science,* **250**, 1678-1683.

Donohue, J. J. III, and S. D. Levitt. (2001). The Impact of Legalizing Abortion on Crime. *Quarterly Journal of Economics,* **116**, 379-420.

Duncan, G. J., K. M. Harris, and J. Boisjoly. (2001). Sibling, Peer, Neighbor, and Schoolmate Correlations as Indicators of the Importance of Context for Adolescent Development. *Demography,* **38**, 437-447.

Everitt, D. (1999). Desalvo, Albert (1931-1973). In R. Gottesman and R. M. Brown (eds.), *Violence in America: An Encyclopedia.* pp. 393-394. New York: Charles Scribner's Sons.

Flannery, D. J., D. C. Rowe, and B. L. Gulley. (1993). Impact of Pubertal Status, Timing, and Age on Adolescent Sexual Experience and Delinquency. *Journal of Adolescent Research,* **8**, 21-40.

Ge, X., R. D. Conger, R. J. Cadoret, J. M. Neiderhiser, W. Yates, E. Troughton, and M. A. Stewart. (1996). The Developmental Inference Between Nature and Nurture: A Mutual Influence Model of Child Antisocial Behavior and Parent Behaviors. *Developmental Psychology,* **32**, 574-589.

Harcourt, B. E. (2001). *Illusion of Order: The False Promise of Broken Windows.* Cambridge, MA: Harvard University Press.

Hirschi, T. and M. J. Hindelang. (1977). Intelligence and Delinquency: A Revisionist Review. *American Sociological Review,* **42**, 571-587.

Jones, M. B. (1998). Behavioral Contagion and Official Delinquency: Epidemic Course in Adolescence. *Social Biology,* **45**, 134-142.

Kandel, D. B. (1978). Homophily, Selection and Socialization in Adolescent Friendships. *American Journal of Sociology,* **84**, 427-436.

___. (1996). The Parental and Peer Context of Adolescent Deviance: An Algebra of Interpersonal Influences. *Journal of Drug Issues,* **26**, 289-315.

Karmen, A. (2001). *New York Murder Mystery: The True Story Behind the Crime Crash of the 1990s.* New York: New York University Press.

Kelling, G. L. and C. M. Coles. (1998). *Fixing Broken Windows: Restoring Order and Reducing Crime in Our Communities.* New York: Free Press.

Lykken, D. T. (1995). *The Antisocial Personalities.* Hillsdale, NJ: Lawrence Erlbaum Associates.

___. (1997). The American Crime Factory. *Psychological Inquiry,* **8**, 261-270.

Lykken, D. T. (2001). August. Parental Licensure. Presentation at the American Psychological Association Meeting, san Francisco, CA.

Miller, D. W. (2001 Feb 9.). Poking Holes in the Theory of 'Broken Windows'. *The Chronicle of Higher Education*, **47**, A14-A16.

Raine, A., J. Stoddard, S. Bihrle, and M. Buchsbaum. (1998). Prefrontal Glucose Deficits in Murderers Lacking Psychosocial Deprivation. *Neuropsychiatry, Neuropsychology, and Behavioral Neurology*, **11**, 1-7.

Rowe, D. C. and B. L. Gulley. (1992). Sibling Effects on Substance Use and Delinquency. *Criminology*, **30**, 217-233.

Rowe, D. C., J. L. Rodgers, and M. Gilson. (2000). Epidemics of Smoking: Modeling Tobacco use Among Adolescents. In J. S. Rose, L. Chassin, C. C. Presson, and S. J. Sherman (eds.), *Multivariate Applications in Substance Use Research*, pp. 233-258. New York: Lawrence Erlbaum.

Rowe, D. C., W. J. Vesterdal, and J. L. Rodgers. (1998). Hermstein's Syllogism: Genetic and Shared Environmental Influences on IQ, Education, and Income. *Intelligence*, **26**, 405-423.

Sampson, R. J. (1999). Systematic Social Observation of Public Spaces: A New Look at Disorder in Urban Neighborhoods. *American Journal of Sociology*, **105**, 603-651.

Tremblay, R. E., L. Pagani-Kurtz, L. C. Masse, and F. Viaro. (1995). A Bimodal Preventive Intervention for Disruptive Kindergarten Boys: Its Impact Through Midadolescence. *Journal of Consulting and Clinical Psychology*, **63**, 560-568.

Vitaro, F., R. E. Tremblay, M. Kerr, L. Pagani, and W. M. Bukowski. (1997). Disruptiveness, Friends' Characteristics, and Delinquency in Early Adolescence: A Test of Two Competing Models of Development. *Child development*, **68**, 676-689.

Waller, J. H. (1971). Achievement and Social Mobility: Relationships Among IQ Score, Education, and Occupation in Two Generations. *Social Biology*, **18**, 252-259.

Wikstrom, P. H. and R. Loeber. (2000). Do Disadvantaged Neighborhoods Cause Well-adjusted Children to Become Adolescent Delinquents? A Study of Male Juvenile Serious Offending, Individual Risk and Protective Factors, and Neighborhood Context. *Criminology*, **38**, 1109-1142.

Wolfgang, M. E., T. P. Thornberry, and R. M. Figlio. (1987). *From Boy to Man, From Delinquency to Crime*. Chicago: University of Chicago Press.

第7章

将来のために：刑事司法政策と倫理的懸念に対する意味

　ビル・モリルには，制御しがたい性的衝動があった（Slater, 2000）。結婚していたが，売春婦を買うために数時間も車を走らせ，あらゆる機会にセックスをした。彼の性的衝動は，衝動から逃れようとして自殺を考えるほどどうしようもなくなった。もう1人の男ヴィンスは，女性の衣類によって性的に興奮するようになり，妻が見ていないときに女装するようになった。モリルとヴィンスはどちらも，異常な性的行動を見せる他の男たちとともに，ボストンの外れにあるマクリーン病院の Martin Kafka 医師の患者となった。Kafka 医師は，セロトニン再取り込み阻害剤（serotonin reuptake inhibitors: SRIs）と呼ばれる薬剤に属するプロザックやその類似物質である治療薬を用いて，彼らを治療した。脳内のセロトニンのレベルを高めるこれらの薬物は，通常はうつ病（major depression）や強迫性障害（obsessive-compulsive disorders）を治療するために用いられているが，これらの薬物には，ほとんどの場合，性的衝動を減少させるというきわめて望ましくない副作用がある。Kafka によると，彼の患者の多くは，いったん SRI 薬物を1種類摂取し始めると，自分の性的衝動を非常によく制御できるようになった。モリルの性的衝動はほとんどなくなって，彼は，妻がせがんだときだけセックスをするようになり，勃起を長時間維持することはできなくなったと報告した。ヴィンスの臨床結果はさらによく，

女装願望は消え，妻との性的な関係は正常なままに保たれた。しかし，Kafka の治療に関する新聞記事は，性犯罪者（sexual predators）を含む，Kafka の患者全員についての全体的な統計数字は示していない。

　強姦犯や小児性愛者といった性犯罪者を医学的に治療するという考え方は，新しいものではない。化学的去勢と物理的去勢は，性犯罪者に対する「治療（therapies）」としてこれまでも提供されてきた。物理的去勢は，性的衝動の原因である男性ホルモンのテストステロンの大部分を作り出している睾丸の除去を行なう。化学的去勢は，血中のテストステロン循環を細胞が受容するのを阻止する薬物を使い，あたかもテストステロンが存在しないかのように身体をだまして反応させる。これらの治療は累犯を減少させるかもしれないが，身体の女性化などの医学的問題を含む副作用を生じさせうる残酷な治療である。それに対して，SRI 治療薬による治療は，本来は別の精神医学的病状を改善するために数千人が自発的に摂取している薬物を用いたもので，副作用はごくわずかである。つまり，治験によって，薬物がこの用途においても効果的かつ安全であることが証明されれば，SRI には多数の性犯罪者を治療しうる見込みがある。SRI は性犯罪者に対する効果が証明されている治療法ではないが，本章で書くように，医学的治療としての SRI の存在は，犯罪者処遇における医療的アプローチと刑事司法アプローチの相違，すなわち精神障害に対する医学的治療が進歩するにつれ強まるであろう緊張関係の象徴である。

　本章では，まず，犯罪者に対する介入に関する医療モデルと刑事司法モデルの対比を論じる。そのトピックに続いて，犯罪の生物学的理論と社会政策の接点にあるそれ以外の倫理的に困難な内容について論じる。私の狙いは，本章で提示する，政策的・倫理的問題を解決することではなく——私はそこまで思い上がってはいない——むしろ，読者にこれらの問題に気づいてもらい，真剣に考えてもらうよう促すことである。

医療モデル 対 刑事司法モデル

　刑事司法制度は，犯罪者という特有の概念の下で機能している。私はこの見

第7章　将来のために：刑事司法政策と倫理的懸念に対する意味

方を「刑事司法モデル（criminal justice model）」と呼ぶ。このモデルでは，犯罪者は，基本的には，平均人としてのジョーやジェーンであって，精神的に正常かつ能力のある人間である。しかし，人生の誘惑に直面するとき，人は，いくばくかの利益のために，自由意志に基づき，法を破る決定をしてしまう。犯罪行為は意図的なものであって，事故ではない。たとえば，滑りやすい道路でスリップして自転車に乗っている人にぶつかるのは，恐ろしい事故である。一方，自転車に乗っている人を脅かして道路外に出そうとしてぶつかるのは，予想以上に悪い結果を引き起こしたとしても意図的な犯罪行為である。犯罪者は犯罪行為の結果として，司法システムによって刑罰を受けなければならない。刑罰には罰金や懲役，殺人事件なら死刑もありうる。犯した犯罪と受ける刑罰の間には一定の釣り合いがある。レイプが女性に与える心理的・身体的危害を踏まえれば，強姦犯が，数年間の刑務所収容の刑に処せられるのは当然である。ハロウィーンのカボチャを割った男の子を同じ刑に処するのはばかげているし，その行為に対してあまりにも不釣合いな刑だとみなされるだろう。

　国家が刑罰を課す責任を引き受ける以前，つまり中世では，司法（justice）は不当な扱いを受けた家族によって執行されることが多かった。家族のメンバーは，個人的な復讐を行なった。殺人者が被害者の家族に金銭を支払うことで，自身の罪を赦してもらうこともあった。しかし，私的司法（personal justice）は，社会を乱すような家族間の血の抗争（blood feuds）に発展しかねない。近代国家では，被害を受けた家族のメンバーが犯罪者に復讐しようとすること自体が犯罪である。そこで，国家の刑事司法システムが，犯罪者に対し，何らかの制裁を公平に課さなければならない。アメリカ合衆国では無罪推定に基づく陪審裁判を開き，被告人が有罪か無罪か，つまり，ジョーやジェーンが犯罪を行なったのか否かを決定する。陪審団が有罪評決を下した後，司法システムによる適切な刑罰を決定するため，公判廷での2回目の尋問が行なわれる。多くの州では，特定の犯罪に求められる刑期の長さや罰金の額を定めた連邦量刑ガイドライン（federal sentencing guidelines）が，裁判官が刑罰を課すに当たっての「自由裁量（free hand）」を制限している。

　医療モデルは，刑事司法モデルとはまったく対照的である。医療モデルによれば，犯罪者の行動は，精神障害の結果である。医療モデルにおける適切なア

プローチは，まず障害を診断することである。犯罪者は，陪審裁判ではなく，医療システムへと導入され，精神科の問診および何であれ必要とされる特定の心理検査や医学的検査を組み合わせて診断を受ける。診断の後，カウンセリングセッションや投薬を含む治療計画が作成される。医療モデルにおいては，犯罪者による犯罪行為の概念も異なることには注意が必要である。犯罪者は，自由意志をはたらかせているのではなく，背景にある精神障害に基づいて行動しているとみなされる。つまり，少額の商品を強迫的に万引きする女性は，強迫性障害（obsessive-compulsive disorder）であるとみなされる。その女性には治療として SRI 治療薬が処方され，精神科医が治療遵守と治療効果をモニターする。犯罪行動は，背景にある障害のもうひとつの症状とみなされるのである。

犯罪者には精神障害があるのだろうか。明らかに精神障害である場合もあるが，「精神異常を理由とした無罪」の申し立ては通りにくくなってきたため，通常は，刑事司法システムの下で罪に問われる。ラッセル・ウェストン Jr. は，議員会館のそばでワシントン DC の警察官 2 人を殺害し，旅行者 1 人を負傷させた（Clines, 1998）。精神科病院入院歴があり，ひとりでいることが多かったラッセルは，銃撃戦で負傷し即座に拘束された。彼は，統合失調症のため入院したので，治療によって正気が回復するまでは裁判を受けられない。弁護士は，ウェストンを正気に戻せば 2 件の殺人について有罪判決を受け死刑を受ける可能性があるため，治療に反対した。適切な治療を受けていれば，この悲劇は避けられたかもしれない。とはいえ，おそらく精神病であるがゆえに治療を望まない人に対して，私たちは治療を強制するのだろうか。私たちは，正気でない者を死刑にするのだろうか。

犯罪者のうちのごく少数だけが，統合失調症などの主要な精神病の診断を受けている。しかしながら，注意欠陥多動性障害（ADHD）や行為障害に起因するような犯罪性向に着目するとき，医学的治療の及ぼす影はもっと大きい。これらの障害は，成人犯罪者の幼少時代には一般的である。これらの障害をもつ子どもは，ADHD の症状に対し，リタリン（メチルフェニデート[*18]）などの

＊訳注 18　軽い中枢神経刺激剤：塩酸塩をナルコレプシーや小児の運動過剰症の治療に用いる（リーダーズ英和辞典）

第7章 将来のために：刑事司法政策と倫理的懸念に対する意味

何らかの治療を受けていることが多い。思春期や成人期であれば犯罪とみなされるような幼少期の行動を治療するのに，相当期間[*19]，投薬治療が用いられてきたのだ。しかも，現在では，ADHDはもはや幼少期だけの障害とは考えられておらず，リタリンはADHD症状をもつ成人にも処方されている（Wender, 1995）。

　例として，6〜13歳のADHDの子どもの症状を抑えるための介入を考えてみよう（Barkley et al., 1989）。ADHDの子どもたちは，攻撃性を示した者と攻撃性はないが不注意（inattentiveness）の度合いが高かった者の2群に分けられた。子どもたちには，プラシーボ（不活性物質），低用量のリタリン，高用量のリタリンのいずれかが与えられた。子どもたちも研究者も，子どもがプラシーボあるいは薬剤を，いつ与えられているのかは知らされなかった。つまり，この研究は「二重盲検法（double-blinded）」によって行なわれた。攻撃性のあるADHDの子どもも，攻撃性のないADHDの子どもも，薬剤を与えられている間は症状が改善し，多くの症状は，低用量のリタリンよりも高用量のリタリンに対し大きな反応を示した。教師の評定によると，問題行動の平均回数は，攻撃的な子どもがプラシーボを与えられているときに9.4回，低用量のリタリンが与えられているときに6.9回，高用量のリタリンが与えられているときに5.8回だった。親も，投薬（量）に応じて行動上の症状が少なくなったと報告した。この介入は成功したが，すべての子どもがよい反応を示したわけではない。投薬の効果は子どもによって差があったし，多くの子どもたちは研究終了後，用量を再調整しなければならなかった。しかも，治療を受けた攻撃的な子どもたちは，治療を受けた攻撃的でない子どもたちほどには症状が改善しなかった。しかし，この研究は，この研究と似た多くの研究と同じく，かつてはおもに刑事司法システムの範疇にあったタイプの行動が，今や医療システムの領域にあると考えられていることを示している。

　これらのモデルを別の点から捉えると，医療モデルのもとでは完全な自由意志は想定されていないということでもある。医療モデルでは，人々は自らの生物学的な状態のせいで犯罪行動を行なう気持ちや性向を高めているとみなされ

＊訳注19　1960年代以降。

る。これまでの章で，単一遺伝子から安静時心拍数まで，さまざまな犯罪性向のマーカーを紹介してきたが，これらのマーカーは，犯罪性向のない人よりも，犯罪性向がある人のほうが，犯罪行動を非自発的に行なう機会が多いことの徴表であると解釈される。一方，刑事司法モデルが完全な自由意志を前提にしているというのは，おそらく単純化しすぎである。むしろ，刑事司法モデルは，犯罪者の犯罪行動にどのように対処するかを決める際は，行為に関し自由意志をもつ者として取り扱うのが最善であると考えるモデルである。それゆえ，ほとんどの人たちは，IQ の低い人の判断能力を IQ の高い人と同じであるとは考えないにもかかわらず，刑事司法システムは，IQ の低い人に重い刑罰を課すことができる。また，刑事司法システムはその法的判断（legal decision）において，犯罪者が有罪であるか無罪であるかだけを考慮しているわけではない。犯罪者を罰することよって，司法システムは犯罪によって傷ついた多くの当事者が感じている復讐への期待を満足させるだろう。加えて，刑罰は，人々が犯罪を犯すのを抑止していると考えられている——パトカーが姿を現すと，ドライバーが制限速度を急に守ろうとして車の流れがどれほど急に遅くなるかは誰もが知っている。刑事司法モデルに代えて，突然，医療モデルを採用することは，何百年もの間，イギリスのコモンロー[*20] が積み上げてきた知恵を無視するリスクを伴う。

　また，すべての生物学的なものの見方が，精神医学的な意味で犯罪性向をもつ人が異常であると主張しているわけではないことを指摘しなければならない。特に進化学者には，多くの犯罪者は，生殖上の成功を得るための代替的な行動戦略をとっているだけであるから，「正常」であると考えている者もいる（Mealey, 1995; Rowe, 1996）。この理論では，精神科遺伝学（psychiatric genetics）における「症状」とは，特定の結果を最大限にするような健全な行動特性である。注意持続時間が短いのは，性的達成と交配の機会に集中するのに役立つ。攻撃性はパートナー争いのライバルを阻止するために使われ，短期的には交渉よりも効果的である。犯罪者は遵法的な市民よりも寿命が短いだろうが，限られた

＊訳注20　イングランドにおいて，伝統や慣習，常識による判例の積み重ねによって形成された法体系。イギリスのほか，アメリカなど，イギリス領あるいはイギリス植民地であった国々で用いられている。

第7章　将来のために：刑事司法政策と倫理的懸念に対する意味

寿命の間に，長生きする遵法者よりも多数の生物学上の子どもを残すだろう。犯罪性向の大半が長い進化の歴史をもつ正常な特性群であるならば，そうした特性群をもつ人たちに薬物治療を強制すべきだろうか。犯罪性向は，犯罪性向をもつ本人以上に他の人々に痛みや苦痛を負わせるため，生物学的には不適応であると思われるかもしれない。とはいえ，多くの暴力的な人々は，普通の人よりも高い水準の自尊心を報告している（Baumeister, Smart, and Boden, 1996）。さらに，その他の精神障害をもつ人とは異なり，暴力的な人は，精神科の治療を受けることに通常は積極的ではない。

　以上，医療モデルと刑事司法モデルのいくつかの対立点を取り上げた。将来を予測することは常に難しいが，私は，法制度は，犯罪者に対する医療介入の方向に向かうと予想している。シカゴの少年裁判所の人たちと話をしたが，すでに多くの非行少年が，非公式に精神科のケアや治療を受けている。つまり，刑事司法システムの「医療化」は，非公式ではあるが，いくつかの管轄区ではすでに起きている。アメリカ中に広く設立されているドラッグコートが，医学的治療が成人犯罪者にどのように適用しうるかを示すモデルとなりうる。ドラッグコートは，違法薬物を使用しないよう犯罪者に義務づけ，使用していないことを確認するための抜き打ちの尿検査や血液検査を行なう。薬物検査で陽性が出ると，残りの刑期を執行するために刑務所に送られる可能性がある。これと同様のシステムは，服薬を遵守させなければならない判決にも用いることができる。犯罪者に，精神科の投薬とカウンセリングを受ける判決を下して社会に釈放する。治療遵守を確認するために血液サンプルや尿サンプルを用いる定期検査を行なうとともに，その他の遵守事項の違反がないことを確認するために監督を行なう。検査の結果，服薬していなければ，刑期を終えるまで拘禁する。

　生物学的な情報は，判決の際の情状酌量の要素ともなる。生物学的な素因の存在は，犯罪行為を行なう際に自由意志のはたらきが小さいことを意味する。意思決定の能力が損なわれていることを反映して，実刑判決が減刑される可能性がある。当時25歳のスティーブン・モブリーが起こした1991年の事件では，スティーブンの弁護士は，心神耗弱を証明するため，遺伝的証拠を採用するように求めた（Deno, 1996）。スティーブンの犯した犯罪は，強盗の後，ドミノ

ピザの店長を首の後ろから撃ったという冷酷な殺人であった。彼の弁護士が提出しようとした証拠のひとつは，彼の家系図だった。スティーブンには，暴力ないし犯罪の経験をもつ親族が何人かいたのである。たとえば，いとこのジョニーは，刑務所の入出所を繰り返していた。もうひとりのいとこのディーンは，強盗と薬物売買のため成人以後を刑務所で過ごしていた。おばのバートは，キレては暴力を振るっていた。さらに，弁護士は，スティーブンに，犯罪性向を示すマーカーに関する生物学的検査を受けるよう提案した。結局，法廷は，いかなる生物学的証拠も検討することを拒み，スティーブンの死刑は減刑されなかった。

　一方，この事件ほど世間の注目を集めなかったアリゾナ州トゥーソンの事件では，遺伝的証拠が採用されたことも一因で，死刑が減刑された。ジョン・イーストラックは，老夫婦の家で2人を殴り殺し，死刑を言い渡された。彼の養母が先頭に立って死刑に対する上告を精力的に行なった。この上告は，中流階級の家庭に養子としてもらわれたにもかかわらず，ジョンが幼いときから深刻な行動障害を示していたということは，彼には生物学的な犯罪性向があるという見解に基づいていた。当初の担当裁判官はその事件から外れ，新しい裁判官がこの上告について審理した。結局，イーストラックの死刑は，終身刑に減刑された。この例が示しているように，生物学的証拠は，より高い水準の科学的承認を得るにつれ，裁判所にも徐々に進出しつつあるのかもしれない。

将来の特徴を予測するための生物学的マーカーの利用

　もうひとつ倫理的に懸念されるのは，将来の特徴を予測するために遺伝子検査を利用することである。受精卵細胞は分裂することによって完全な人体 (whole human being) になるが，この受精卵細胞の中に，個人の遺伝子が存在する。不妊治療クリニックが用いる治療方法の中には，胚を着床させる**前に**遺伝的予測ができるものがある。体外受精では，培養皿の中で精子細胞が卵細胞の中に入り，できた接合体（受精卵）が初期の細胞分裂を開始する。新しく分裂している胚から細胞をひとつ採取し，分子遺伝学的検査 (molecular genetic tests）によって胚の遺伝子型の診断に使うことができる。望ましくない遺伝子型が含まれていれば，その胚を使わずに，望ましくない遺伝子型をもたない別の胚を母親の子宮に着床させることができる。遺伝的特徴を選択するためのこの方法は，難しく費用も高いが，不妊に悩むカップルによって利用されてきた。

遺伝情報でよくない医学的状態を予測する

　自然妊娠か体外受精かにかかわらず，遺伝子検査によって，妊娠後期には，成長中の胎児の医学的状態（病状）を明らかにしうる。通常，これらの検査は，胎児の周りから羊水を採取する羊水穿刺（amniocentesis）によって得られる胎児の細胞を対象に行なわれるが，妊娠中に胎児の細胞を得るための他の方法が用いられることもある。胎児の細胞の遺伝子型を特定した後，遺伝子マーカーに基づいて，妊娠中絶をするという決定がなされることもある。たとえば，胎児の検査が知的障害やその他の合併をも引き起こすダウン症について陽性を示すなら，妊娠中絶という決断をするカップルは多いだろう（Plomin et al., 1997: 22-24）。ダウン症は，厳密には単一遺伝子疾患（single-gene disorder）ではなく，21番染色体が1本余分にあることによって起きる疾患である。現在，ダウン症の胎児の中絶が行なわれることで，カリフォルニア州などではダウン症の子どもの出生数が減少している。

　ハイリスクの家族，あるいは特定のリスク遺伝子を比較的高い頻度でもつ民族のために，多くの重大な単一遺伝子疾患に関する遺伝子検査が利用できる。たとえばテイ・サックス病（Tay-Sachs syndrome）や鎌状赤血球貧血（sickle-cell anemia）といった単一遺伝子疾患は，胎児の細胞の遺伝子型を特定することで発見可能である（Ridley, 2000）。

　いくつかの病気に関する遺伝学的エビデンスは，倫理的ジレンマを生じ，個人の意思決定を難しくしている。女性の乳がんのリスクを高めるBRAC2遺伝子を考えてみよう。この遺伝子は，遺伝的に優性として機能する，つまり，この遺伝子がひとつあると，乳がんと卵巣がんのリスクが高まる。たとえば，平均的なヨーロッパ人女性が70歳までに乳がんになるリスクはおよそ5％だが，BRAC2遺伝子のいくつかの変異のうちのひとつをもつ女性のリスクは33～

46％になる（Thompson and Easton, 2001）。つまり，BRAC2 の変異遺伝子をもつ女性は，それをもたない女性より 70 歳までに乳がんを発症するリスクが 9 倍も大きい。33〜46％というリスクは，乳がんのような恐ろしい病気のリスクとしては非常に大きい。

　それゆえ，乳がん患者がいる家族では，がんに罹っていない女性が，BRAC2 の遺伝子型を知るために自ら遺伝子検査を受けるという決断をするかもしれない。結果が陽性であったため，自分の乳房を除去する予防的手術をした女性もいた——統計的リスクに対する苛烈な反応である。乳がんを見つけるために，マンモグラフィー検診（乳房レントゲン撮影）をより頻繁に受けることにした女性もいた。家族の誰かが検査を受けたために，自分は自らのがんリスクを知りたくないにもかかわらず 50％の確率でがん変異遺伝子をもっていることを知ってしまうという，別の倫理的な問題も生じる。彼女は同じ検査を受けるべきだろうか，あるいは避けるべきだろうか。この遺伝情報のせいで姉妹の人間関係はどのような影響を受けるのだろうか。こうした例から，読者は，遺伝的な知識が深刻な倫理的ジレンマに陥っていることが分かるだろう。

遺伝情報で犯罪性向を予測する

　一見すると，遺伝情報は，犯罪性向についても，ダウン症や乳がんの場合と同様のジレンマを引き起こすように思われるかもしれない。しかし，犯罪性向に関するこの種の知識は，現時点では，科学的事実よりはサイエンス・フィクションの領域に属する。遺伝子検査は，遺伝効果が小さいときではなく，単一遺伝子による大きな遺伝効果が発見されたときに実用性がある。たとえば，Robert Plomin による覚えやすい略語「OGOD」（ひとつの遺伝子，ひとつの障害［one gene, one disorder］）遺伝子については，予測的遺伝子検査が役立つ。ほとんどの人は，リスクが 1％から 1.7％に増加するときではなく，5％から 40％に増加するときには，深刻な病状に関する意思決定の根拠とするだろう。

　複雑な行動の表現型に関与する 1 つひとつの遺伝子の効果は，OGOD 遺伝子の効果よりもずっと弱い。幼少期の男子の行為障害のリスクを 3％から 4.5％に高める遺伝子がひとつ発見されたとしよう。つまり，相対的リスクの

第7章　将来のために：刑事司法政策と倫理的懸念に対する意味

増加は，わずか1.5％である。この状況では，この遺伝子をもつ者のほとんどは幼少期に行為障害を示さない。私は，これほど弱いエビデンスに基づいて，親が妊娠中絶をする，あるいは，子どもをもたないという判断をするとは思えない。しかも，行為障害は，環境の影響によって軽減される可能性も，治療しうる可能性もあるので，遺伝情報だけを用いて判断するのをためらうのは当然である。

　より多くの遺伝子について調べれば，将来の行為障害に関する予測は改善されるかもしれない。しかし，遺伝子工学（genetic engineering）上の難しさも増す。両親は，遺伝的リスクの低い胎児を手に入れるために，2回か3回ではなく，何回も胎児を中絶しなければならないかもしれない。軽度の場合には，そもそも大して不安になる必要はない——殺人者スティーブン・モブリーの家系図をみると，男きょうだいの1人は，自分の攻撃性を，たたき上げの大金持ちになるために生かしている。

　犯罪性向に関する生物学的情報は，遺伝子検査としてはおそらく有用ではないが，ゆくゆくは行動に関する知識とあわせて，子どもをより適切な治療へと導くために用いられるであろう。精神科診断は，現在のところ，種々の行動の回数と重大性を測定する質問紙や面接に基づいている。ジョンとビルが校庭でけんかをしたとしよう。このとき，2人が背景にもつ神経学的な状態は，大きく異なる可能性がある。ビルは，安静時心拍数が少ないという攻撃性の生物学的リスクの指標や，攻撃性のリスクを高める特有遺伝子をもっているかもしれない。ジョンは，生物学的なリスク指標をもたないかもしれず，自分の身を守るためにけんかに巻き込まれたのかもしれない。ビルは，けんかという観察された行動とあわせ，これらの生物学的検査により，ジョンよりも，医学的介入に適した対象者であることが確認される。Comings（1998）は，生物学的検査は，刑務所被収容者の中から，医学的介入にもっとも適した個人を識別するのに役立つだろうと提案している。知恵の回る被収容者は，ペーパーテストをごまかすことで出所し治療プログラムに移ることができるが，脳の容積を調べるための脳スキャン検査や遺伝子検査をごまかすことはできない。つまり，面接や質問紙による情報と生物学的検査を組み合わせることで，医学的治療にふさわしい犯罪者にその機会を与えることができるだろう。

もうひとつの心配は、犯罪性向を調べるために、生物学的検査を用いて子どもの集団検診を行なうことである。この筋書きでは、遺伝子型の特定や脳スキャンを行ない、その結果に基づいて、何千人もの子どもを、犯罪率を減らすことを目的とする強制的な法律（coercive law）が義務づける治療プログラムに入れることになる。この筋書きは、あまりにも現実離れしていると思われる。まず、生物学的検査と遺伝子検査は費用がかかるため、このような仕組みは高価であり、政治家にとって魅力的でない。だが、さらに大きな制約となるのは、どんな集団検診プログラムも、治療センターを偽陽性（false positives）で一杯にしてしまう見込みが高いということである。偽陽性のケースとは、女性が、実際には妊娠していないのに、陽性の妊娠検査の結果を受け取る場合のように、陽性の結果が出た人が、実際にはその症状をもたないというケースである。すぐれた妊娠検査のように生物学的検査の感度がきわめて高ければよいが、特に、比較的まれな障害については、検査によって、本物の患者よりも、ずっと多くの偽陽性のケースが常に発生する。その結果、負担が過度になった治療センターでは、治療が不要な多くの子どもたちを治療していることが分かり、その後、世間からの抗議が確実に起こることになる。むしろ、私は、子どもたちは現在と同じように、結局は、行動上の症状が判明してから治療プログラムに紹介されるべきであると考えている。ただし、遺伝子検査と生物学的検査は、助けを得るために紹介された子どもたちが受ける治療を改善するために、将来役立つだろう。

優生学の名において

　第1章では、Francis Galton を行動遺伝学の始祖として紹介したが、彼は、もうひとつの、より多くの論議を巻き起こす遺産を残した。それは、人類を遺伝的に改良するという目標であり、彼は、これを（「生まれがよい」を意味する）「優生学（eugenics）」と名づけた。優生学は、あまり「適合的（fit）」ではない社会の構成員の生殖を抑制し、より「適合的」な構成員の生殖を促進する公共政策である。Galton の生きた19世紀のイングランドでは、優生学は、

Galton自身の家族と同じような中流および上流階級の英国人家族の生殖を促し，経済的に恵まれない家族の生殖を阻むことを意味した。優生学は，イングランドやその他のヨーロッパ諸国，そしてアメリカ合衆国において，広範な社会運動となった。優生学の発想は，政治的に保守的な考えであると思われていることが多いが，政治的左派から幅広い支持を受けた運動であった。フェビアン協会の社会主義者は，優生学の初期の支持者であったが，カソリック教会は優生学に反対していた。

優生学と公共政策

　イングランドでは，優生学運動は人気を博したが，公共政策にはほとんど影響力をもたなかった。より実用主義的な考えのアメリカでは，特に地方や都市の貧困者のうちIQが低いと思われる人々に対して執行される強制的優性保護法（compulsory sterilization laws）を，多くの州が可決した。**バック対ベル事件**[*21]（Buck vs. Bell）に関する1927年の連邦最高裁判決では，裁判官は，精神遅滞者に対して不妊手術を行なう州の権利を支持した（Degler, 1991: 47-48）。判決では，州の施設にいる人々に，同意なく不妊手術することを認めるバージニア州法の合憲性が焦点となった。裁判長のOliver Wendell Holmes, Jr.は，「3代で痴愚は充分だ」という頻繁に引用されることになる言葉を含む意見を書いた。1927年以来，この最高裁の決定は覆っていない[*22]。

　とはいうものの，世論は，多くの理由で，優生学の運動に背を向けるに至った（Degler, 1991）。今，振り返ってみると，その理由のひとつが分かる。優生学運動の参加者には，メンデルの遺伝的継承の仕組みを理解していない者がいたのである。彼らは，遺伝的継承はラマルク説に従う，すなわち，個人が生涯を通じて環境から獲得する特性は，子どもに遺伝的に伝わると考えていた。ラマルク説に基づく継承が完全に否定されたとき，優生学の支持者は，親を環

＊訳注21　1924年にバージニア州が制定した遺伝的な精神疾患・精神発達遅滞者の強制不妊手術を合法化する法律に基づいて行なわれた，少女キャリー・バックに対する強制不妊手術の申し立てをめぐって，バックとその申し立てを行なった精神発達遅滞者収容施設長のジェームズ・ベルとの間で争われた事件。
＊訳注22　バージニア州は，同州法を1974年に廃止した。

境面で助けることで子どもの運命を改善することを主張する環境的社会改良家になれなかった。たとえ生殖を制限しても，望ましくない劣性遺伝子をもつ人々を一掃するために何世代も必要なことが分かったため，遺伝学者たちは，優生学から距離を置くようになった。

優生学は，第2次世界大戦の開戦よりずっと前から，行動科学者の支持を失っていた。しかし，それまで優生学がもっていた何がしかの魅力を消し去り，また，複雑な行動に関する1945年以後の生物学的研究をもほとんど中止させてしまったのは，ナチス政権によるユダヤ人，ジプシー，同性愛者，身体障害者などの集団に対する残虐行為であった。こうした残虐行為を正当化したもののひとつは，青い眼をした金髪のアーリア人種が生物学的に優等であるという理論であった。

ほとんどの人たちは，1人かそれ以上の人数の子どもをほしいと思っているため，人間の生殖を広範に制限する社会政策は不人気でしかありえない。また，たとえ子どもを望まない人であっても，おそらく子どもをもつかもたないかを選択する機会はほしいと思っている。しかし，集団の遺伝的な特性平均を変えるほど効果的であるためには，優生学的政策は，広範に適用されることが必要である。まさに，その広範な適用が，優生学に対する一般市民の支持の土台を崩すのである。

人口増加の爆発に歯止めをかけるため，中国は1人っ子政策を採用している。この政策は，（中国からの大学院生との限られた接触に基づいて言える範囲では）多くの人々が家族は多いほうがよいと未だに思っている田舎の地域よりも，多くの人数がひしめき合っていることが誰の目にも明らかな都市において評判がよい。この政策は，（少なくとも理論上は）すべての人に対して適用されるから，優生学的な政策ではない。つまり，この政策は，中国人のもついくつかの望ましくない遺伝的特徴の頻度を少なくすることはできない。しかし，中国の法律は，精神遅滞や精神障害と考えられる人たちに対する優生学的政策を認めており，その法律は，遺伝子研究の諸学会から強い反発を受けている。これらの政策に対し，中国では表立った反対はみられていないが，何らかの反対があったとしても，中国の政治的自由の欠如の影に隠されているのかもしれない。

中国の家族計画に関する政策を非難する前に，アメリカの連邦政府も増殖率

第7章 将来のために：刑事司法政策と倫理的懸念に対する意味

に影響を与えることを明示的あるいは暗黙に意図した公共政策を展開していることを認識すべきである。アメリカの政策は人類を遺伝的に改良するという目標はもたないので，Galton の定義したところの優生学ではない。とはいえ，これらの政策には，社会に対する社会問題の負担を小さくするために，特定の集団の生殖行動を変化させるという目的がある。たとえば 1990 年代中頃，連邦政府は州がさまざまな法的要件を試みることができるように，福祉法の放棄を認めた。多くの州は，生活保護を受けている母子家庭の母親（welfare mother）は第 2 子以降は児童給付を受け取ることができないというファミリー・キャップ条項を採択した。それ以前は，生活保護を受けている母子家庭の母親は子どもが生まれるたびに追加の金銭給付を受け取れた。この状況は新たに子どもが生まれるたびに自動的に賃金が増えるわけではないワーキング・マザーの状況とは異なっていた。この政策変更の暗黙のメッセージは，母子家庭の母親は，家族を増やすために福祉給付を利用すべきではないということである。また，10 代の未婚の母親の出産率を低下させることを狙いとした政策もある。これらの政策は，若い女性の生殖行動をコントロールしようとする（すばらしい成功を収めているとはいえない）試みであるが，国民から強い支持を得ている。当然ながら，アメリカ政府は，真に優生学的な社会政策は避けている。とはいえ，人々の生殖行動を変えることは，あからさまな目的とされているとは限らないが，この国の公共政策のターゲットのひとつである。

優生学的政策と犯罪性向

犯罪性向を高める遺伝子が発見されると，アメリカ政府が，優生学的な活動に対する意欲を再び高めるのではないかと恐れる識者もいる。しかし，私は，このようなことにはならないだろうと思う。優生学は，国の政策としての信頼を失っており，今後，二度と支持されることはない。犯罪性向に寄与する遺伝子をもつ人は決して少なくはない。たとえば，注意欠陥多動性障害（ADHD）の一因である DAT1 遺伝子の対立遺伝子は，もっともありふれた対立遺伝子である（Waldman et al., 1998）。たとえ優生学に基づくプログラムが作られたとしても，このようなありふれた対立遺伝子をもつ人々を撲滅しようとするのは，非現実的かつ困難である。

可能性は低いと思うが，おそらく，幼少期の行為障害を引き起こすことによって，間接的に犯罪性向の発達に大きな影響力をもつ BRAC2 のようなタイプの遺伝子が発見されるかもしれない。そのような遺伝子が遺伝カウンセリングに利用されると，親はそのような遺伝子をもつ胎児を中絶するかもしれない。これは優生学の一種だが，Galton が本来考えていたものとは明らかに違うものである。生殖の選択は，行動障害の深刻さと自らの価値観や倫理観と，妊娠を打ち切るという決定を秤にかけなければならない両親によって，個人的かつ自主的に行なわれる。このような政策が優生学的といえるだろうか。両親の行なう個々の判断が BRAC2 のようなタイプの遺伝子の頻度を徐々に下げるのであれば，優生学的といえるだろう。このような変化はゆっくりと生じ，何年もの間，懸念されるようなことにはならないだろう。

ヒトゲノム・プロジェクト（human genome project）を取り巻くさまざまな不安にもかかわらず，（すぐにではないが，100 年以内に）もっとも実現しそうな予想は，ゲノム情報が，現在の平均よりも，長生きで賢く健康的な美男美女を作り出すために用いられることだと私は思う。つまり，私たちは，人々が，自分の子どもについてもっとも恐れている方向ではなく，むしろもっとも望んでいる方向へと進むだろう。

刑事司法システムは，なぜ科学に基づいていないのか

アリゾナ州フェニックス市，保安官ジョー・アルパイオは，世間受けする刑事司法システムの改革を行ない，メディアによる評判を上げた。地元テレビ局のニュース番組に毎週登場する有名人のアルパイオは，重罪犯罪者を高い鉄条網の内側に収容するテント村（tent city）を建設した。テント村には，「空室有り（vacancy）」のネオンサインがあり，アルパイオは，常に1人以上の受刑者のための部屋があることを約束している。彼は，被収容者に，ピンストライプの明るい色のパジャマを着せ，多くの点で困難な生活をさせるようにしている。エアコンのないテントは，アリゾナの夏には苦行である。受刑者の食事はファストフードより安い1食平均45セントで，栄養価は高いがまずい。ア

第7章　将来のために：刑事司法政策と倫理的懸念に対する意味

ルパイオは，一般市民を満足させているが，ひとたび犯罪者が釈放された際の再犯率は低下させているのだろうか。彼による多くの「改革（reforms）」に関し，現在進行中の評価はない。

20世紀初期までの医学では，近所の医者に診てもらうことは，実は，病気が治る可能性よりも死を早める可能性のほうが高かった。アルパイオの改革のように，真の効果については何も分からないまま，さまざまな治療が患者に施された。患者に出血させるといった，実際，まったく効果のない治療もあった。その他の治療は，たとえば，感染した傷口に（恐ろしく聞こえるが）ヒルを貼りつけるといったもので，出血よりは効果があった。医学が，多くの場合不正確で時には明らか致命的である習慣や伝統的な智恵から，一貫して有効である治療へと発展することができたのは，病気の背景にある生体の仕組みについて理解を深めるとともに，医療が真に効果的なのかどうかを評価する実験的手法を用いてきたからである。

この点で，刑事司法システムは停滞している。本書で要約した犯罪性向に関する生物学的研究や，環境の影響に関する研究が示すように，犯罪行動の因果的根拠についての理解は進んできている。しかし，いくつかの例外を除き，刑事司法システムには，統制実験（controlled experimentation）はほとんどない。アルパイオ保安官は，昔風の囚人服は囚人にみっともない思いをさせることができると思われるので，再犯の減少に役立つと信じている。とはいえ，彼の考えは，被収容者を，この服を着るか着ないかにランダムに割りつけることによってのみ検証することができる。

この例の紹介には若干の皮肉も込めたが，同種の問題が，ほぼすべての司法システム改革について存在していることは明らかである。実務上の理由および倫理的な理由のために，司法システムは，ランダム化した処遇群と非処遇群を用いる実験的アプローチを採用してこなかった。犯罪者を対象にする実験は，どのようなものであろうとも，実験群に属する釈放受刑者がひとりでも恐ろしい犯罪を犯してしまうと，非難の嵐が巻き起こって処遇プログラムが中止になる可能性が常にある。また，受刑者という強制に服している立場にある人々から，同意を得るという問題もある。最後に，裁判官が言い渡す判決など法的な制約があるため，刑事司法システムが実験を実施することは容易ではない。し

かし，何らかの実験的研究がなければ，何が有効で何が有効でないのかを示す良質のエビデンスを蓄積することはできない。医学と比べ，刑事司法システムのほうが，世論の影響を直接受けることが多いが，アルパイオの改革のような時代に逆行した改革が，司法システムがより有効でありうることを示すことはほとんどない。

結論

本書は，生物学と犯罪の全体像を描いてきた。私は，犯罪行為のリスクを高めるような，人格特性と特有の思考の仕方から構成される犯罪性向を引き起こしているのは，生物学的な仕組みであると論じてきた。私は，生物学的側面における犯罪性向の複雑さと，生物学的な犯罪性向と環境との交互作用を強調した。生物学の描く地図は，単一の遺伝子が犯罪性向に関連しているというもっとも還元主義的なものから，人は「なぜ」嘘をつき不正をはたらき他者を殺すのかという進化心理学による遠大な問いまでをカバーしている。

はっきりした知見がいくつかある。行動遺伝学は，犯罪に関連する多くの特性が遺伝するという知識の蓄積に寄与している。安静時心拍数の低さや前頭前野皮質の量の少なさといった，犯罪性向を示す具体的な生物学的マーカーが発見されている。進化的アプローチは，女性より男性の攻撃性のほうが高いことや，成人女性が別の女性を殺すことがほとんどないといった文化を超えた普遍性に対し，知的に一貫した説明を与えている。ドーパミン作動系における遺伝子の多様性は，幼少期の注意欠陥多動性障害（ADHD）と関連している。主要な精神病を含む精神疾患は，一見しただけでは説明しがたい殺人の多くを説明する。攻撃性は，17歳ではなく，ヨチヨチ歩きのときにピークに達することが分かってきた。幸運なことに，ほとんどの赤ん坊は，他人に深刻な危害を加えることはできない。

新たな発見がなされ，その中には，本書が示した結論を塗り替えるものや限定するものがあるだろう。あなたは，消費者，利用者，新人の研究者として，犯罪性向の生物学的根拠を探究する，さまざまな分野へと招待されている。生

第7章　将来のために：刑事司法政策と倫理的懸念に対する意味

物学を少し学ぶためには頭を使わなくてはならないが，新しい知的な活動への挑戦によって自分の地平を広げていくことはいつだって健康的である。

　本書は，生物としての仕組みが犯罪の唯一の原因であるとは主張しない。そのような主張は短絡的である。本書が主張するのは，生物学的影響と環境的影響の両方に目を向けることで，より多くを学べるということである。そして，この目標は，多くの学生や研究者にとって，行動の生物学的根拠についてさらに学ぶことを意味する。

推薦文献

Degler, C. N. (1991). *In Search of Human Nature: The Decline and Revival of Darwinism in American Social Thought.* New York: Oxford University Press.
本書は，1800年代から1990年代の，生物学と社会に関する，詳細な思想史である。詳細な歴史学の業績はどれもそうであるが，時として，本書の行なっている議論は複雑で難しい。しかし，読者は，社会思想における，生物学の位置についてより深い理解を手にすることができるだろう。

参照文献

Barkley, R. A., M. B. McMurray, C. S. Edelbrock, and K. Robbins, K. (1989). The Response of Aggressive and Nonaggressive ADHD Children to Two Doses of Methylphenidate. *Journal of the American Academy of Child and Adolescent Psychiatry,* **28**, 873-881.

Baumeister, R. F., L. Smart, and J. M. Boden. (1996). Relation of Threatened Egotism to Violence and Aggression: The Dark Side of High Self-esteem. *Psychological Review,* **103**, 5-33.

Clines, F. X. (1998, July 25). Capitol Hill Slayings: The Overview; Gunman Invades Capitol, Killing 2 Guards. *New York Times,* A1, A9.

Comings, D. (1998). Personal communication (November)

Degler, C. N. (1991). *In Search of Human Nature: The Decline and Revival f Darwinism in American Social Thought.* New York: Oxford University Press.

Deno, D. W. (1996). Legal Implications of Genetics and Crime Research. In G. R. Bock and J. A. Goode (eds.), *Genetics of Criminal and Antisocial Behavior,* pp. 248-256. Chichester, England: John Wiley & Sons.

Galton, F. (1869). *Hereditary Genius: An Inquiry Into Its Laws and Its Consequences.* London: Macmillan (Cleveland World Publishing Co., 1962).

Mealey, L. (1995). The Sociobiology of Sociopathy: An Integrated Ecolutionary Model. *Behavioral and Brain Sciences,* **18**, 523-599.

Plomin, R., J. C. DeFries, G. E. McClearn, and M. Rutter. (1997). *Behavioral Genetics,* (3rd

ed.) New York: W. H. Freeman.

Ridley, M. (2000). *Genome: The Autobiography of a Species in 23 Chapters*. New York: HarperCollins.

Rowe, D. C. (1996). An Adaptive Strategy Theory of Crime and Delinquency. In J. D. Hawkins (ed.), *Delinquency and Crime: Current Theories*, pp. 268-314. Cambridge, England: Cambridge University Press.

Slater, L. (2000, November 19). How Do You Cure a Sex Addict ? *New York Times Magazine*, 96-102.

Thompson, D. and D. Easton. (2001). Variation in Cancer Risks, by Mutation Position, in BRACA2 Mutation Carriers. *American Journal of Human Genetics*, **68**, 410-419.

Waldman, I. D., D. C. Rowe, A. Abramowitz, S. T. Kozel, J. H. Mohr, S. L. Sherman, H. H. Cleveland, M. L. Sanders, J. M. C. Gard, and C. Stever. (1998). Association and Linkage of the Dopamine Transporter Gene (DAT1) and Attention Deficit Disorder in Children: Heterogeneity Due to Diagnostic Subtype and Severity. *American Journal of Human Genetics*, **63**, 1767-1776.

Wender, P. H. (1995). *Attention-deficit Hyperactivity Disorder in Adults*. New York: Oxford University Press.

人名索引

A
Arpaio, J. 160

B
Barkley, R. A. 78
Belsky, J. 67
Berkowitz, D. 7
Bratton, W. 136
Brunner, H. G. 99

C
Cadoret, R. J. 132
Caspi, A. 127
Cohen, J. 21
Cohen, L. E. 69
Cressey, D. R. i

D
Dabbs, J. M., Jr. 82
Daly, M. 64
Damasio, A. 77
Darwin, C. 9
Dawkins, R. 52, 70
de Lamarck, J. 108
DeSalvo, A. 132
Dishion, T. J. 126
Draper, P. 67
Duncan, G. J. 121, 122

E
Eibl-Eibesfeldt, I. 52

F
Farrington, D. P. ii, 87

G
Galton, F. 8, 156
Gangestad, S. W. 60
Gold, M. 6
Gottfredson, M. R. 7, 33, 61

H
Harpending, H. 67
Harris, J. R. 36
Hirschi, T. 7, 33, 61
Holmes, O. W., Jr. 157

J
Jacobson, K. C. 82

K
Kafka, M. 145
Kanazawa, S. 62
Kandel, D. B. 128
Kelling, G. K. 136

L
Loeber, R 123
Lykken, D. T. 139

M
Machalek, R. 69
Manuck, S. B. 116
McCord, J. 127
Mealey, L. 71
Mednick, S. A. 32
Mendel, G. 37
Moffitt, T. E 36, 85
Morris, R. 82

P
Plomin, R. 100
Poulin, F. 127

R
Raine, A i, 86-88, 91, 92, 94, 134
Rowe, D. C. i, 25, 61, 82

S
Scott, K. 6
Simpson, J. A. 60
Steinberg, L. 67

Still, M. C.   62
Sutherland, E. H.   i

T
Tremblay, R. E.   39

V
Vitaro, F.   127

W
Wikstrom, P. H.   123
Wilson, E. O.   9, 51
Wilson, J. Q.   136
Wilson, M.   64

事項索引

■あ
IQ　7, 124
愛着　68
汗　88
アデニン　101
アミノ酸　101
アメリカ　158
アメリカ精神医学界　18, 40
アルツハイマー病　105
r 淘汰種　56

■い
医学モデル　13
閾値形質　38
一塩基多型　105
1次サイコパス　70
一卵性双生児　16
一般犯罪理論　34
遺伝子　101, 103
遺伝子型　20
遺伝子型 - 環境相関　130
遺伝子関連分析　110
遺伝子検査　152, 154
遺伝子置換　19
遺伝子の変異型　104
遺伝子連鎖分析　99, 109
遺伝的距離　22
遺伝的証拠　151
遺伝率　18, 29
遺伝率係数　19
医療化　151
医療モデル　147
イントロン　102

■え
HTR2A 遺伝子　116
APOE 遺伝子　105
エキソン　102
SRY 遺伝子　49
SNP　105
STR　106

エストラジオール　82
X 染色体　49
MRI　91
MAOA（モノアミン酸化酵素A）　100
MAOA 遺伝子　116
MAOA-uVNTR　116
塩基　101
遠慮がちな女性　70

■お
OGOD　100
OGOD 遺伝子　154
女たらし　70

■か
外見バイアス不存在仮説　23
灰白質　93
『怪物：ロサンゼルス・ギャングの伝記』
　6
化学的去勢　146
獲得形質　108
家族　138
片親世帯　139
家庭環境　132
感化　126, 128
環境　12, 26, 121
還元主義　11

■き
利き手　27
危険因子　79
機能 MRI　91
虐待　64
教会参列　27
偽陽性　156
強制的優生保護法　157
共犯　25, 65
恐怖心の欠如　89
共有環境　28
共有環境の影響　29
禁酒法　135

■く
グアニン　101
クラック　140
クレイ兄弟　17

■け
継子　64
刑事司法モデル　13, 147
継親　64
K 淘汰種　56
刑務所　135, 139
血液検査　81
血縁淘汰　55, 64
血小板　84, 85
下劣な男性　70
ケンブリッジ非行発達研究　65, 87

■こ
行為障害（CD）　41, 43, 115
交感神経系　86, 88
攻撃行動　39
攻撃性　39, 57, 59
行動遺伝学　8, 9, 15
交配努力　61
交配努力競争　62
候補遺伝子　110
声の低さ　83
骨相学　24, 94
固定的　66
コーディング領域　101
古典的双生児デザイン　22
子どもの早期経験　67
コルチゾール　80, 108

■さ
サイコパス　71, 79
『ザ・クレイズ／冷血の絆』　17

■し
CAG 反復（リピート）　106
ジェナイン家の4つ子　16
刺激探究の尺度　89
資源の欠乏　69
資源保持可能性　69
自己申告　4, 30

自己統制　7
思春期移行プログラム　126
思春期限定型（AL）　36, 37
実行機能　78
私的司法　147
児童虐待　132
シトシン　101
シナプス　83
社会化　49
社会階級　123
社会経済的地位（SES）　121, 123
社会生物学　9, 51
社会的刺激　80
社会的統合　82
弱有害突然変異　67
自由意志　147, 148, 150
集団検診　156
雌雄淘汰　53, 56, 70
雌雄二形性　54
障害表現型　109
条件つき適応　66
条件つき適応理論　67
情状酌量　151
衝動性の尺度　89
進化心理学　10, 51
進化理論　9, 65, 72
進化論　51
新奇探索性　114
神経インパルス　83
神経伝達　83, 113
人種によるプロファイリング　141
心神耗弱　151
心拍数　86
信頼性　80

■せ
生活史　55
性差　49, 56
誠実な男性　70
精神科遺伝学　40, 150
『精神障害の診断・統計マニュアル』　18, 40
精神病　43, 44, 148
精神病質　42, 77
生存競争　53

性的競争　58, 70
性的な嫉妬　66
性犯罪者　146
生物学　3
生物学的尺度　79
セクシーな息子仮説　60
セロトニン　83
セロトニン遺伝子　115
セロトニン再取り込み阻害剤　84, 145
セロトニン代謝経路　115
セロトニン代謝産物　84
セロトニン担体たんぱく質　83
染色体　101
先祖返り　2, 24
選択　127, 128
選択圧　53
前頭前野　77, 78, 91, 92, 95

■そ
双生児一致度　35
双生児研究　22, 26

■た
体外受精　152
代替戦略理論　69
代替的適応　67
対立遺伝子　104
ダウン症　153
唾液検査　81
多型　104
単一遺伝子疾患　100, 153
短鎖縦列反復配列　106
たんぱく質　101, 103

■ち
チミン　101
注意欠陥多動性障害（ADHD）　4, 41, 43, 78, 114, 115, 148
中国　158
調節たんぱく質　102

■て
DAT1遺伝子　159
DNA　101
低覚醒　134

デオキシリボ核酸　101
適応　10, 52, 65
適応型　67
適応度　5
テストステロン　80, 81
手の早い女性　70
『天才と遺伝』　9
伝達不平衡テスト　111, 112
テント村　160

■と
等環境仮説　23, 24
統合失調症　43
淘汰　53
糖代謝　92
ドーパミンD4受容体　106, 113
ドーパミンD4受容体遺伝子　113
ドラッグコート　151

■に
2次サイコパス　72
乳がん　153
乳糖不耐性　67
妊娠中絶　140, 153

■ね
年齢-犯罪曲線　61

■の
脳脊髄液　84, 85
脳糖代謝　134
脳の覚醒　88

■は
箸遺伝子問題　111
バック対ベル事件　157
発達　35
反抗挑戦性障害（ODD）　41, 43
犯罪　5
『犯罪の一般理論』　33
犯罪の養子戦略理論　61
犯罪率　13, 134
ハン姉妹　17
反社会性人格障害　18, 42
ハンチントン病　11, 106

反復　106
反復数7回の対立遺伝子　114

■ひ
BRAC2遺伝子　153
PETスキャニング　90, 91
非共有環境　28
非共有環境の影響　29
非行発達に関するケンブリッジ研究　57
非嫡出子　139
1人っ子政策　158
皮膚伝導　88
ピマ族　131
表現型　9, 20
品種改良　19
頻度依存淘汰　69
頻度依存淘汰モデル　71

■ふ
ファミリー・キャップ条項　159
VNTR　106
副交感神経系　86, 88
複雑系　11
物理的去勢　146
不妊治療　152
フリーテストステロン　81
フルオキセチン　84
プロザック　84, 145
文化的説明　50
分子遺伝学　101
分子遺伝子マーカー　21

■へ
併存　42
別離成育デザイン　17
別離双生児のミネソタ研究　17
ヘテロ（異型）接合　105

■ほ
母子家庭　159

ホモ（同型）接合　105
ホモ・サピエンス　51

■む
無差別殺人　44

■め
メチルフェニデート　148

■も
『盲目の時計職人』　52

■ゆ
友人　12, 126, 138
優生学　13, 156

■よ
養育努力　61
養子　26
養子研究　30, 32, 43
羊水穿刺　153
欲求充足遅延課題　79

■ら
ライフコース持続型（LCP）　36, 37
ラマルク説　108, 157

■り
利他的行動　55
リタリン　148

■れ
歴史的変化　134
連邦量刑ガイドライン　147

■わ
Y染色体　49
割れ窓　136

訳者あとがき

　アメリカ犯罪学は社会学を基盤とし，生物学の屍の上に発展してきた。シカゴ学派は，住民の流動性が高い移行地域では非行者居住率が高いことに着目し，犯罪率を人種や民族といった生まれの要因ではなく，社会学的な要因によって説明する，社会解体理論を展開した。Sutherland, E. H. は，生物学的な素因を多く含む Glueck, S. & Glueck, E. の多要因理論を手厳しく批判し，分化的接触理論を提出した。Merton, R. K. は，人々の動因の源を，Freud, S. の主張する生物学的な欲求不満ではなく，社会的に用意された目標と手段の乖離であると主張し，ストレイン理論を構築した。

　アメリカ犯罪学における，生物学的な原因論に対する強い蔑視は，犯罪という社会が定義する事象の原因が身体に求められるはずはないという思い込み，そして，技術的にも倫理的にも操作可能であるのは，社会学的な要因に限られるから，生物学的な要因に着目することは不必要かつ不道徳であるという思い込みによって支えられてきた。犯罪学者のもつ，これらの思い込みのために，生物学的犯罪学による，犯罪の探究は長らく抑圧されてきた。

　しかしながら，こうした状況は，1970年代に始まる Sarnoff Mednick らの先駆的業績によって徐々に乗り越えられ，とりわけ，2000年代に入って，犯罪に対する生物学的探究は急速に進展した。David Rowe による本書は，生物学的犯罪学の，こうした果実を，行動遺伝学（2章），進化理論（3章），犯罪性向の生物学的特徴（4章），分子遺伝学（5章），環境の影響（6章），倫理的検討（7章）にわたりバランスよく紹介し，現時点でもっとも平易かつコンパクトに書かれた本分野の最良の手引きであるといってよい。

　本書の主張は，第6章で紹介されている，養子の攻撃性に関する Cadoret の研究——実の親が反社会的人格障害であるか否かは，養子先の家庭環境に問題がなければ，子どもの攻撃的症状の数に関連しないが，問題があれば，子どもの攻撃症状の数に大きな違いをもたらす——に象徴されている。人間行動は，生体と環境の相互作用の結果である。

　本書を紹介するにあたり，訳者が期待していることは2点ある。第1に，現

在の犯罪学が，生物学的な原因論に対して，科学的な思考に基づかない蔑視を有していることに人々が気づき，生物学的な犯罪学に対する偏見を取り払うことで，犯罪に対する生物学的な視座の価値を正しく認識することである。子どもができない夫婦が，その理由を夫婦仲のせいにしても，問題は解決しない。不妊治療を受けてこそ，解決される。

　第2に，本書で紹介されているような，たとえば，コホートを出生前や出生時から追跡するような犯罪に対する生物学的な研究が日本において展開されることである。そのためには，社会学を背景にもつ研究者と，生物学を背景にもつ研究者が協働することが必要である。社会学部で犯罪学を学んだ私もまた，そうした機会を切望している。本書を手にした生物学を背景にもつ研究者は，ぜひ私に連絡していただきたい。

　一方，本書を紹介するにあたり，訳者が懸念していることも2点ある。第1に，生物学的犯罪学は日進月歩であり，本書で紹介されている知見が急速に陳腐化するおそれがあることである。本書が引用している研究は，クラシックともいえるよく知られた研究が多いが，覆されることはありうる（なお，最近の概観書としては，Mednick et al. 2009 がある）。

　第2に，本書は，精神病者による大量殺人について記述しているが，Roweによれば，精神病者で「警察に捕まらないように努力した者は一人もいない」，よって，捕まった大量殺人者の中に精神病者が相対的に多く含まれるのは当然である。さらに，最近の研究は，認知されていない事件を含めると，アメリカの殺人のおよそ半数は検挙されておらず，「捕まっていない」殺人者のほうが多いことを明らかにしつつある。

　訳者は，青少年の就労支援を行なっているが，それを通じて，精神障害者の就労支援に当たる方々，当事者の方々と出会い，生き方そのものを学んでいる。万が一，本書の訳出が，まっすぐできらめく瞳をもつ彼らの日々を少しでも曇らせることがあれば，私にとって最大の後悔である。

　本書から，生物学的犯罪学に対する，思い込みに基づいたメッセージを受け取らないよう，次のエピソードを読んでほしい。
　生物学的な犯罪学を大学の講義で教えるとき，学生に必ず尋ねる問いがある。

訳者あとがき

「遺伝で決まることで，人が犯罪をする傾向の高さに大きな影響を与える要因が一つあります。僕は，この教室の中にいる人で，誰が高く誰が低いかをすぐに見分けることができます。それは，何でしょうか」。

ちょっと時間を与えると，必ず，正解に至る学生がいる。

その答えは，「性」である。犯罪行動における男性の優位は，本書も指摘しているとおり，社会を超えて見られる傾向であり，おそらく，本書で紹介しているあらゆる単一遺伝子より，犯罪リスクを高める要因である。

「だからといって，男性を絶滅しようと考える人はいませんね」。
と確認すると，皮肉な笑い顔が男子学生からも女子学生からも返ってくる。

本稿は，静岡県立大学の修士課程に在籍していた，尾山滋君の綿密な下訳および，北大路書房の北川芳美さんの根気強い編集作業によって完成した。お二人に篤く御礼を申し上げる。

2009 年 7 月

訳者　　津富　宏

参照文献

Mednick, S. A., Moffitt T. E., Susan A. Stack, S. A. (2009). *The Causes of Crime: New Biological Approaches*. Cambridge [Cambridgeshire]; New York: Cambridge University Press.

著者について

David C. Rowe は，アリゾナ大学心理学部教授（執筆当時）。2003 年 2 月に，わずか 53 歳で肝臓がんのため逝去した。

▎訳者紹介

津富 宏（つとみ・ひろし）

1959 年　東京都に生まれる
1988 年　ウィスコンシン州立大学社会学部修士課程卒業
現　在　静岡県立大学教授（Master of Science）

［主著・論文］

少年非行対策におけるエビデンスの活用　小林寿一（編著）『少年非行の行動科学』　北大路書房　2008 年

犯罪者の社会的包摂：市民としてのアイデンティティ形成支援（共著）　日本犯罪社会学会（編）『犯罪からの社会復帰とソーシャル・インクルージョン』　現代人文社　2009 年

犯罪者処遇は有効である　犯罪と非行　110 号　98-127.　1996 年

EBP（エビデンス・ベイスト・プラクティス）への道　犯罪と非行　124 号　67-99.　2000 年

［翻訳］

イアン，K.C.『医療専門職のための研究論文の読み方：批判的吟味がわかるポケットガイド』　金剛出版　2007 年

シャーマン，L.W. ほか『エビデンスに基づく犯罪予防』（監訳）社会安全研究財団　2008 年

〈連絡先〉tsutomi@u-shizuoka-ken.ac.jp

犯罪の生物学
―遺伝・進化・環境・倫理―

2009 年 8 月 20 日　初版第 1 刷発行	定価はカバーに表示
2017 年 4 月 20 日　初版第 2 刷発行	してあります。

著　　者　D. C. ロウ
訳　　者　津　富　　宏
発　行　所　㈱北大路書房
　　　　　〒603-8303　京都市北区紫野十二坊町 12-8
　　　　　電　話　（075）431-0361㈹
　　　　　ＦＡＸ　（075）431-9393
　　　　　振　替　01050-4-2083

© 2009　印刷・製本／創栄図書印刷㈱
検印省略　落丁・乱丁本はお取り替えいたします。
ISBN978-4-7628-2686-3　　Printed in Japan

・ JCOPY 〈㈳出版者著作権管理機構　委託出版物〉
本書の無断複写は著作権法上での例外を除き禁じられています。
複写される場合は，そのつど事前に，㈳出版者著作権管理機構
（電話 03-3513-6969，FAX 03-3513-6979，e-mail: info@jcopy.or.jp）
の許諾を得てください。